# 中学受験はなんのため？

子どもの幸せのために
親にできること

馨子

文芸社

# はじめに

近年、中学受験をする子どもの数は増える一方で、空前の中学受験ブームと言われています。今から十五年ほど前、私の息子が通っていた兵庫県宝塚市の小さな小学校でも、約半分の子が中学受験をしていました。

現在は撤廃されていますが、当時、宝塚市の公立高校は総合選抜制となっていました。市内に公立高校は四校しかなく、居住地によってどこに入るかほぼ決められてしまうのです。きちんとしたランク分けもなく、選択の自由もほとんどありません。

そんなわけで、中学から私立へ、と考える家庭が多かったのでしょう。

そんななか、私は息子がやりたがることを全力で応援したいと常に思っていました。「勉強よりも、心の成長のほうが大切！」というのが、私のポリシーだったのです。

息子は幼稚園のとき、地域のサッカークラブに入り、小学生になるとますますサッカーに熱中するようになりました。そんな息子を後押しするため、夫はそのクラブチームの学年主任コーチとなり、私はマネージャーとして、車で子どもたちの送迎をしたり、冷たい飲み物を入れたアイスボックスを運んだりして、楽しい日々を送っていました。

そんなある日、ひょんなことから息子は自らの意思で中学受験を決意しました。それも天下の灘《なだ》中学を受けると言うのです。

（そんなん無理やろ）と内心思いながらも、もちろん口には出さず、私は息子の決意を尊重して、いつものように全力でサポートしました。

成績が落ちて苦しい時期もありましたが、息子は絶対に灘に入るという強い意志をもって乗り越え、見事難関を突破しました。

私は、息子が灘中学に入学する日が来るなんて、想像だにしていませんでした。

「我が子やけど私のＤＮＡなんてどこにもないわ」と思ったものです。

というのは、私は勉強が大嫌いだったのです。特に数学などは、平気で赤点を取っていました。高校生になって、ようやく勉学の楽しさに目覚めたのですが、時すでに遅し。

「なんでもっと早く気付かなかったんだろう」と歯噛《はが》みしたものです。ですから私は短大卒で、自慢できるような学歴はありません。

〝トンビが鷹《たか》を生む〟とはこのことでしょうか。息子は灘中学に入り、さらに東大に進学し、今は製薬会社で創薬の研究に携わっています。

「どうやって子どもを育てたの？」

とよく聞かれます。

「特別なことは何もしてないよ。愛情をたっぷり注いで、いつも笑顔でほめまくっただけよ」

私はいつもこう答えます。

これまでの子育てを振り返ってみると、本当に、楽しかったという思いしかないのです。子どもとしっかり向き合って、子育てを存分に楽しみ、できるかぎりの愛情を注いでいれば、結果は後からついてくる――。

これが今の私の偽らざる実感です。

周りの方々に子育てについてしょっちゅう聞かれるので、おこがましいとは思いましたが、息子が生まれたときから、中学受験、大学受験を経て、今に至るまでの道程を書き綴《つづ》ってみました。

最後までおつきあいいただければ幸いです。

# 目次

はじめに　3

第一章　子育てほど楽しいものはない……9

東の窓に後光が差した⁉　10
子どものリズムに合わせると楽　15
気楽にフラッシュカード　18
絵本はめっちゃ買った　21
ジグソーパズル大好きっ子に　25
ほめて、ほめて、ほめまくり　28
親子の会話を密にして　32

第二章　子どもの「やりたいこと」は全力で応援！……37

いつしかサッカー一家に大変身　38
お友達は親が選ばない！　42
ここってもしかして進学塾？　45
働きながら勉強をサポート　51
算数の最高レベル特訓を受講　55
どんなことも前向きに　59

第三章　息子が自らの意思で決めた中学受験～夫の東京転勤～……………65
それぞれの決断　66
母、東京の私立中学を見学に　69
お弁当に母の愛を詰め込んで　73
サッカーのピンチヒッターで怪我　79
お金に羽が生えて飛んでいく　83
秋の模試でＥ判定……　87
ようやく光が見えた　93

ハラハラドキドキの合格発表　98
小学校卒業式で息子が語った夢　102
勉強ができて損することはないよ　107
灘で得た人生の宝物　109

第四章　東大が後からついてきた……113
反抗期と更年期が重なって　114
やっぱり失敗した大学受験　118
なぜか東京の予備校へ　124
どこに行くかより何を得るか！　128
思わず叫んだ「東大合格！」　134
夫の大腸がんが発覚　139
これからもずっと息子の応援団　144

# 第一章　子育てほど楽しいものはない

## 東の窓に後光が差した⁉

一九九七年五月二十三日、朝九時四十九分、ちょうど朝日が反射したかのように東の窓が白く光りました。

その瞬間、元気な産声が分娩室《ぶんべんしつ》に響き渡ったのです。

私は無宗教ですが、このときばかりは、なんだか神様の意思を感じたものです。

——この子は選ばれて生まれてきたのかもしれない。

こう思ったのには、わけがありました。

私はその前に、稽留流産を三回も繰り返していたのです。息子はその子たちの思いもすべて背負って、私の元に来てくれたように感じました。

今振り返ると、ただ単に朝日がまぶしかっただけなのかもしれません。あるいは微弱陣痛で、五～六日眠れない夜を過ごしていたので、朦朧《もうろう》としていただけかもしれません。でも、そのときは本気でそう信じました。

包み込まれるような神秘的なあの光は、今も鮮明に覚えています。

そして看護師長さんに、こうほめられたことも忘れられません。

「ずっと入院していたから、体力が残っていないかと思っていたけど、本当に百点満点の出産でした」


私は二十三歳で、同じ職場の四歳年上の夫と結婚して退職。大手の会社で、もう少し働きたかったのですが、当時は社内結婚をしたら女性が辞めるという不文律がありました(もちろん、今はそんなルールはありません)。

翌年、夫の海外赴任が決まり、シンガポールに行くことになりました。一回目の稽留流産が起こったのは、その直前でした。

妊娠七週の頃だったでしょうか。出血などの自覚症状はなく、赤ちゃんは順調に育っているとばかり思っていました。

ところが、先生は渋い表情でこう言ったのです。

「残念ですが、心拍が確認できません」

いつのまにか、赤ちゃんは子宮の中で亡くなっていたのです。

ショックでしたが、まだ若かったし、もともと楽天的な性格だったので、そう深刻にはとらえませんでした。起こってしまったものはしょうがない、と受け流したのです。

でも、その後シンガポールで、続けて二回、同じように稽留流産してしまったのはこたえましたね。病院に行っても、私の下手な英語では十分に意思の疎通ができないうえ、先生の態度も冷たく感じられて、不信感は募るばかり。よけいにストレスがたまりました。

最も辛かったのはお正月です。「子どもが生まれました！」と、赤ちゃんの写真付きの年賀状が届くのが、嫌でたまりません。みんな普通に産んでるのに、なんで私だけ――。年の初めから最悪の気分でした。

私も負けず嫌いなところがあるので、泣いている姿を決して外には見せないようにしていましたが、心はめちゃめちゃ傷ついていました。

ただ、夫が優しいのが救いでした。

「気にするな。だいじょうぶ」

いつもこう言って慰めてくれました。

この人はいいお父さんになる、絶対に父親にしてあげなくちゃ、と固く決意したものです。

シンガポールでの生活はいい経験にはなりましたが、二回の流産が暗い影を落としていました。四年間の海外赴任を終えて日本に帰ってきたときは、ほっとしましたね。

「日本でちゃんと検査してもらったほうがいいよ」

と、病院に付き添ってくださった上司の奥様に言われていたこともあり、私はすぐに兵庫医科大学病院の不育症外来を受診しました。稽留流産を三回以上繰り返すと、妊娠はしても赤ちゃんが育たないということで、不育症という病名が付くのです。

この病院には、赤ちゃんに恵まれない女性が多く通っていました。妊婦さんと顔を合わさないように診療時間は分けられ、午前中は一般外来、午後は不妊症外来と不育症外来になっていました。

診察を終えると、先生はこう励ましてくれました。

「あなたは不妊ではありません。それがどれだけありがたいことか。妊娠できるんだから自信をもってください」

この言葉を聞いて、心がすーっと軽くなったのを覚えています。

実際、その外来で知り合った方の中には、どうしても妊娠できない人や、自己免疫疾患で十回も流産したという人もいて、私など全然たいしたことはないと思えました。

そしてまもなく、四度目の妊娠が判明しました。

「これから出産するまで、この薬を毎朝一錠飲んでください。血流をよくする薬です」

この先生を信頼していましたので、不安はまったくありませんでした。私は毎朝せっせと、その小さな薬を飲みました。

すると、これまでの流産はなんだったのかと思うほど、順調な経過をたどり、ついに出産の日を迎えたのです。そのとき私は三十歳。結婚してから七年の月日が流れていました。

顔をしわくちゃにして大きな産声をあげる息子。その横で、もう一人泣いている男子がいました。出産に立ち会った夫です。

夫は、涙と喜びで顔をくしゃくしゃにして叫びました。

「俺にそっくり！」

私の胸にそっと置かれた赤ちゃんの顔を覗《のぞ》き込むと、確かに、笑ってしまうほどそっくりです。夫の親も主人が生まれたときと同じ顔だと、驚いていました（笑）。

自然に言葉があふれてきました。

「無事に生まれてきてくれてありがとう」

とにかく元気に生きていてくれさえすれば、それでいい――。

心の底からそう思いました。

もちろん、今でもその気持ちは変わりません。

## 子どものリズムに合わせると楽

ラッキーなことに、私は母乳がとてもよく出る質《たち》でした。そして、息子もぐんぐん飲む子でした。

新生児のうちは、一回の授乳量の目安は五〇ミリリットル程度で、飲ませすぎたらダメと言われることもありますが、母乳なんだしまあいいかなと、飲みたがるだけ飲ませていました。すごい飲みっぷりです。息子はゲップを出すのも上手でしたね。新米ママとしては本当に助かりました。

とにかく、よく飲み、よく寝る子で、四時間ぐらいはぐっすりです。

この時期は、母乳が十分に出ない、飲みが悪くて赤ちゃんが寝ない、などと悩むママが少なくないようですが、幸いにもそういう苦労はしなくてすみました。

夫はうれしくてたまらないらしく、息子の顔を覗き込んでは「俺にそっくり！」と、ひたすらデレデレしていました。

息子を隣の部屋に連れていこうとする看護師さんにくっついていき、笑われたこともあります。

「沐浴《もくよく》がすめばすぐ戻ってきますから、待っててくださいね。いっときも離れがたいんですね」

「いや、まあ、そうなんですけど……」

こんな調子で一週間ほどで退院し、いよいよ親子三人の生活がスタートしたのです。

シンガポールから帰ってから、私たちは宝塚にある夫の会社の社宅で暮らしていました。意地悪な上司の奥さんにいじめられるという、安っぽいテレビドラマのようなことはいっさいない社宅で、住み心地はよかったですね。

同期が三人いて、あたりまえのように、みんなでみんなの子どもの面倒を見て助け合っていました。私が偏頭痛を起こしたり、ぎっくり腰になったりすると「だいじょうぶ？息子君、預かったるわ」と気軽に声をかけてくれました。私も、彼女たちの子どもを我が子のようにかわいがっていました。

今思うと、こんな和気あいあいとした雰囲気の中で子育てをできたのは、実に幸せなことでした。

待望のママになれたのですから、私は育児の一瞬、一瞬を思いきり楽しもうと思いました。自分なりに頭をひねり、生活のリズムをすべて息子に合わせることにしたのです。大人のタイムスケジュールを優先しようとするから、なかなか子どもが寝ないとか、ミルクの時間なのに起きないなどと、イライラするのではないでしょうか。

私はベビーベッドの横に布団を敷いて、息子が寝ているときは一緒に寝ました。起きたら一緒に起きておむつを替え、母乳をあげる。遊んでいるときは一緒に遊ぶ。息子がまた寝たら、例えば三時間寝るとすると、一時間半は一緒に寝て、あとの一時間半は家事をする。

こんなふうに、子どものリズムに合わせると、なんのストレスもありません。

しかも、子どもは日々成長していきます。それを間近に見られるのですから、育児ほど楽しくてやりがいのある仕事はない、と思ったものです。

昨日できなかったことが今日はできる。そのときの感動は言い表せません。初めて笑った、立った、しゃべった、一歩歩いた、こんなかけがえのない瞬間をしっかり見届けたいというのが、その頃の私の一番の願いでした。

私は絶えず笑顔で息子に話しかけ、その日の出来事や息子の様子を母子手帳に綴っていきました。

あっというまに、母子手帳は文字で埋め尽くされて真っ黒。こんなに書き込んでいる母子手帳もちょっと珍しいかもしれません。今でも、宝物として大切にしまってあります。

## 気楽にフラッシュカード

夫は帰宅すると、「今日は何してたの?」「いい子にしてたか?」などと満面の笑みで息子に話しかけ、ずっと抱っこしていました。お風呂に入れたり、おむつを替えたり、かいがいしく世話を焼く姿は、親ばかそのものでした。かくいう私も負けてはいませんが。

そんなある日、夫は帰るなり、うれしげに何やら差し出したのです。

「これ、いいもの見つけた」

「何それ?」

「フラッシュカード。これやると、脳のシナプスが発達して、頭がよくなるらしい」

「へえ〜」

記憶が定かではないのですが、たしかその頃、ニューズウィークがアインシュタインの連載をしており、夫はそれを買って熱心に読んでいました。その日もニューズウィークを買うために紀伊國屋書店に立ち寄ったところ、同じ売り場にこのフラッシュカードが置いてあったそうです。

A5ぐらいの大きさで、動物シリーズと果物シリーズと、二種類ありました。表にイラスト、裏にその名前が書いてあります。これを素早くめくりながら子どもに見せると、その刺激によってシナプスが増え、脳が活性化するというのです。

ほんとかな?

半信半疑でしたが、せっかく夫が買ってきてくれたので、手が空いたときにやってみました。息子は三ヵ月ぐらいだったでしょうか。首がすわり、私を目で追ったり、話しかけると「アーアー」とかわいい声を出すようになっていました。

「ちょっとこれ見て」

息子はあどけない表情で、じっと私の顔を見つめます。

「ママじゃなくて、これを見てね。じゃあいくよ。ブタ、ゾウ、キリン、ライオン、サル、イヌ……」

私がカードを超スピードでめくっていくと、息子はびくっとして両手を大きく広げます。どうやら、刺激を感じているようです。

果物より動物のほうが反応がいいので、機嫌がよさそうなときを見計らって、動物のフラッシュカードを遊び感覚で見せていました。時間的にはほんの数分ですね。

回数や時間を決めて「やらねば」と肩に力を入れるのではなく、「暇やからちょっとやってみよか」と軽いノリでやると、楽しく続けられると思います。

息子がびくっと小さな手を広げるたびに、今シナプスが作られているのかも、神経細胞がつながっているのかも、などとポジティブなことを想像しながらめくっていました。

でもしだいに興味を示さなくなったので、数ヵ月でやめました。もちろん、無理強いはしません。

「どうだ、ちょっとは効果あったか」

「さあ?」

「まあ、いいか。元気で優しい子に育ってくれたらそれでいいな」

「そうやね、そんな子に育てようね」

脳の発達に効果があったかどうかは定かではありませんが、楽しいひとときではありました。

## 絵本はめっちゃ買った

絵本は私も息子も大好きでしたね。乳児の頃から、あれこれ読み聞かせていました。息子が声をあげて笑ったり、興味深そうに指差したりする絵本は、何度も繰り返し読みました。

息子が二～三歳になると、スーパーなどに買い物に行ったとき、店内にある本屋にいつも立ち寄るようにしました。

「どんな本があるかな?」

こう声をかけ、子ども自身に読みたい本を選ばせました。

「ママ、この本が欲しい」

「帰ったら絶対に読む?」

「うん」

こうして子どもが読むと約束した絵本は、必ず買って帰りました。「今日は荷物が多いからまたね」などと待たせることはありません。

すると、息子も本屋に行くのを楽しみにするようになりました。帰宅すると、早速買ってもらった絵本を取り出して、目を輝かせてページをめくり、読んでとせがみます。それから読書タイムに突入し、しばらく物語の世界に浸るのです。

息子は『ぐりとぐら』シリーズや『エルマーのぼうけん』シリーズが特にお気に入りで、何度一緒に読んだかわかりません。その他、動物や恐竜、乗り物など、ジャンルを問わず、読みたいという本は、どんどん買い与えました。

息子が幼稚園に通い始めると、絵本とともに勉強系のドリルも選ばせるようにしました。「わかった、その怪獣の本も買うから、ちょっとお勉強の本も見てみようか。何か面白そうなものがあるかな？」

こんな調子で、幼稚園から小学校の低学年の頃には、市販のドリルも一緒に買って、家で楽しく取り組むようになったのです。百マス計算やパズル系のドリル、計算ドリル、図形ドリルなどですね。

私もそばで見ていて、子どもが少しでもドリルをやったらほめました。

「おおっ、すごい。できたね。今日は一ページもやったやん。がんばったね」

息子も得意満面です。

今はタブレットやスマホですぐに映像を見せますが、目が悪くなる恐れがありますし、世界が広がらないのではないかとちょっと心配です。

私は本屋こそ宝の山だと思います。本屋に行けば、子どもは知らず知らずのうちにさまざまな本に触れます。それまで無関心だったことも、ふと目にした本に刺激を受け、そこから興味が広がっていくこともあります。

ドリルも、自分が選んだものだからこそ、やる気になるのではないでしょうか。親が選んでネットなどで購入したものを渡しても、子どもは自発的にやろうという気にはなりにくいでしょう。

ママ友によくこう言われました。

「子どもに勉強しろと言ったりはしないけど、ポイントはきちんと押さえてたんやわ」

「そうかな。今から考えたら、ドリルをやるように誘導していた気はするけど、そのときは特に意識してなかったわ」

「無意識にそれをやってたんやったら、なおさらすごいやん」

私は勉強に対してコンプレックスをもっていたので、自分のようにはなってほしくない、という気持ちが心の奥底にあったのかもしれません。

私は小・中学校時代は勉強が大嫌いで、成績はぱっとしませんでした。高校受験では志望の高校には行けませんでした。そして、遅ればせながら、高校生になってから勉強したら成績がよくなるし、世の中のいろいろな仕組みもわかって楽しいと気付いたのです。なんで小学校や中学校で気付けなかったのか、いくら悔やんでも後の祭りです。

ようやく勉強の面白さや奥深さを知った私は、大学進学を考えるようになりました。けれど、私の父は古臭い考えの持ち主でした。

「女は勉強なんかできなくていい、大学なんて行く必要はない。料理が作れればそれでいいんや」

妹もいるので、私立大学への進学は当時の実家の状況では厳しかったのでしょう。

それでも進学したかった私はその費用を稼ぐため、アルバイトをすることにしました。その高校はアルバイト禁止だったので、生徒指導の先生に頼んだのです。

「私は大学に進学したいと思っています。入学金を自分で稼ぎたいので、アルバイトをさせてください」

ちょっと自慢なのですが、高校では常にクラスの五番以内に入っており、学年部長にもなっていました。なので、先生もバイトを許可してくれたのです。

私は学校から帰ると自転車で近所の本屋に行き、夕方五時から七時まで働きました。三年間こつこつ貯金して、卒業前には三十万円ほどになりました。

「このお金で短大に行かせてください」

親に頼み込み、短大への進学を許してもらったのです。

こんなアルバイト経験があったので、私自身、本屋に行くのが好きなのかもしれません。買い物のたびに本屋に通ううちに、息子は本好きな子に育ち、いつのまにか字もすっかり覚えてしまいました。

## ジグソーパズル大好きっ子に

息子が本とともに大好きだったのが、ジグソーパズルです。二歳の頃、私の母が、十ピースぐらいの小さなパズルを買ってきました。

「これやってみようか」

まだ早いかと思いきや、意外にも息子は興味津々。しばらく格闘した末、完成させたのです。

「ええっ、できたの？　すご～い」

私と母にほめられ、息子も得意気です。

母は、宝塚から車で四十～五十分ほど離れた所に住んでいました。たった一人の孫なので、とてもかわいがってくれました。息子も「ばあば、ばあば」となついていたので、いっそうかわいかったのでしょう。精一杯の愛情を注いでくれました。

このばあばのジグソーパズルがきっかけになり、パズルは息子の大のお気に入りのおもちゃになりました。本屋の次はおもちゃ屋に行って、好きなジグソーパズルを買うのが、私たちの新たなルーティンとなったのです。

息子はジグソーパズルを始めると、最後のピースをはめるまでやめません。小さな手でピースを器用につかみ、試行錯誤しながら一つ一つはめこんでいきます。その集中力には驚かされたものです。

私は息子がパズルをしているときは、よけいな声をかけず、完成するまで見守るようにしていました。

ときにはお友達が「あそぼ～」と、誘いにくることもありました。

私が子どもの頃は、友達に誘われると、何をおいても飛んでいきましたが、息子はそうではありません。

「うん、わかった。これが終わったら行くから待ってて」

と、あくまでもパズルの完成を目指します。

私も、お友達が待っているからといって、やめさせたりはしません。これもこの子の個性なのだから大切にしたい、と思っていました。

「もうちょっとしたら行くからね。ごめんね。ちょっとおばちゃんが準備に手間取っちゃってさ」

などと自分のせいにして、公園で待っててもらうのが常でした。

「今パズルをしてるから」とは言いませんでしたね。相手の子どもの気持ちも考えて、友達関係にひびが入らないように、フォローしていました。

そうして最後のピースをはめると、息子は満足気に叫びます。

「よっしゃあ、できた！」

「おおっ、やったね！　すごい！　じゃあ、遊びに行こか。みんな待ってるから」

公園に行くと、今まで静かに考え込んでいた子とは別人のように、お友達と元気に走り回るのです。その切り替えの速さは、子どもならではですね。

息子にしてみれば、パズルが完成したときの達成感が、なんとも言えず快かったのでしょう。

私はただ単に息子が大好きなことを応援していただけなのですが、今思うと、パズルによって、集中力や論理的な思考力などが、磨かれたような気がします。

パズルにかぎらず、どんなことでも、子どもが好きなこと、熱中していることを存分にさせてやることが、その子の能力を伸ばす秘訣《ひけつ》なのかもしれません。

## ほめて、ほめて、ほめまくり

親ばかかもしれませんが、息子は幼い頃から、天真爛漫《てんしんらんまん》で優しい子でした。

「いい子やね。育てやすくてうらやましいわ」

と、言われていたことを覚えています。

公園で遊んでいると、砂をかけたり、ブランコを独占したり、自分の思うようにいかないと癇癪《かんしゃく》を起したりする子がいます。

でも、息子はそういう子どもたちを黙って見ている子でした。やんちゃかおとなしいかでいうと、おとなしいほうだったと思います。

スーパーに買い物に行っても走り回ったりせず、いつも私のそばにいました。棚にあるものを勝手に取ることも、「お菓子買って～」と駄々をこねることもありません。

あまり意識していなかったのですが、そう言われてみると育てやすい子でした。

私は三歳までは、子どもを怒ってはいけないと思っていました。なので、悪さをしたときは、座って目線を合わせて、冷静に言い聞かせるようにしていました。

「これは違うよね。こんなことしたらいけないよね」

息子が「ごめんなさい」と謝ったり、「わかった」とうなずいたときは、それで話は終了です。いつまでもぐちぐち言うことはありません。

逆に、初めて何かができるようになったり、誰かに優しくできたり、がんばって何かをやり遂げたときなどは、間髪を入れずにほめました。

生まれたときは、ただ泣いておっぱいを飲むことしかできなかったのです。それが、寝返りを打てるようになり、座れるようになり、一年経つと歩き始めます。親としてはうれしくてたまりません。できてあたりまえとは思わず、私は一つひとつほめました。

少し成長して近所の人に「こんにちは」と元気に挨拶できたら「おっ、ちゃんと挨拶できたね。すごい！」。おもちゃを自発的に片付けたら「きれいに片付けてえらい！　おもちゃも喜んでるよ」。

息子がジグソーパズルの最後のピースを入れたときも、いつも心の底からほめました。実際に感動していましたし、それを言葉にすることを怠りませんでした。

「できた〜」

息子が叫ぶと、

「わあ〜、すごい！　天才！　よくがんばったね」

私は手を叩《たた》きながら、笑顔で思いきりほめます。

否定的なことはいっさい言わず、赤ちゃんの頃からほめまくって育てたといっても過言ではありません。

先日、ユーチューブを見ていたら、ある有名塾の先生がこうおっしゃっていました。

「勉強がよくできる子どもの親御さんには共通点があります。とにかく皆さん、ほめ上手なんですね。できないからと怒るのではなく、できたことをほめる。そうすると、子どもは伸びていきます」

なるほどと思ったものです。たしかに、私の周りにはほめ上手のママさんが多く、お子さんはそろって優秀です。

近年、子どもの自己肯定感を育てることが大切、とよく耳にするようになりました。自己肯定感の高い子は、ありのままの自分をそれでよいと認め、失敗を恐れず、自分のやりたいことに積極的にチャレンジできるそうです。

私が子育てをしている頃は、自己肯定感という言葉はあまり一般的ではなかったのですが、愛情をたっぷり注ぎ、常に子どもをほめて自信をもてるように導いたことが、自己肯定感を高めることにつながったように思います。それだけは成功したと自負しています。

私の周りのママさんたちも、上手にほめることによって、自然に子どものやる気や主体性を育み、ひいては勉学への意欲も高めたのでしょう。

どんな子にも長所と短所があります。完全無欠の人間はいないのですから、できないことに目を向けてイライラするのではなく、できていることに目を留め、ほめて伸ばしてやるほうが、親子ともにハッピーになれると思います。

どんなことでもプラスに考えると、子育てはもっと楽しく、もっとラクになるのではないでしょうか。

## 親子の会話を密にして

こんな私が、最も大切にしてきたことは、親子の会話を密にすることです。まだ赤ちゃんで、言葉もわからない頃から絶えず話しかけてきました。

少し成長してからは、「どうしたいの?」「どう思うの?」と問いかけ、息子の言葉にきちんと耳を傾けるようにしました。

お友達とけんかして泣かせてしまったときも、頭ごなしに叱るのではなく、「どうしてけんかになったの?」「もし相手の子の立場なら、あなたはどう思うの?」とまず息子の考えを聞き、どうすればよかったのか親子で話し合いました。

また、息子が「おかあさん、今日学校でさ……」と話しかけてきたら、何をしていても手をとめて「どうした?」と息子の目を見て、しっかり話を聞きます。「今忙しいから、ちょっと待って」とか「またあとでね」は禁句にしていました。

一番悲しいのは「おとうさんやおかあさんに話しても無駄」と思われてしまうことです。こうなると、子どもの心が見えなくなり、ちょっとしたサインにも気付きにくくなります。

逆に幼い頃から日々小さな会話を積み重ねていると、子どものわずかな変化でも敏感に察知できます。

例えば、息子が四年生になったある日、こんなことを言いました。

「今日学校で先生が怒ってん。掃除当番がさぼってるからって。でも僕は先生がおかしいと思う」

「なんでそう思うの」

「先生が教室に見に来たときは、当番の子らはしゃべってたけど、その前にはちゃんとやってた。でも、確かめもせんと、先生はずっとさぼってたと決めつけて怒ったんや」

「そうか。それはかわいそうやったね。じゃあ、どうしたらよかったと思うの」

「先生は怒る前に、掃除したかどうかちゃんと聞いたらよかったのに」

「そうやなあ」

それまでは、担任の先生の言動を批判することはなかったので、息子が自分の意見をはっきり述べたことに驚きました。少し成長したなとうれしく思ったものです。

どの子にも生まれもった素質があります。それが伸びるかどうかは親の関わり方しだいではないでしょうか。ちょっと言葉のかけ方を変え、子ども自身に考えさせるようにすると、その子の本来の力を引き出せるのではないかと思います。

子どもは別人格ですから、当然親と異なる感性や考えをもっています。ですので、私は「おかあさんの言うとおりにしなさい」と押し付けるのではなく「おかあさんはこういうふうにやったんだ、でも、もしかしたらあなたは違う方法でやったほうが伸びるかもしれない。おかあさんはこうしたということだけ、頭の片隅に置いておいてね」と言って、子ども自身が考える余地を残すようにしていました。

人生の先輩として、さまざまな選択肢を示してやるのは親の役目だと思いますが、選ぶのは子ども自身です。親はその決定を尊重して応援する——。

この繰り返しが子育ての肝のような気がします。

こうして、小さい頃から自発性を育んでいると、子どもは何事にも積極的に取り組むようになります。誰かに言われたからではなく、自分がやりたい、行きたい、と思うからこそ、困難なことにも果敢に挑戦するのではないでしょうか。

子どもが何かにやる気を見せたら、その気持ちを汲み取り「面白そうだね」「やってみなよ」と声をかけ、いっそう意欲を高めてやりたいものです。

今振り返ると、子育てはひたすら楽しかったですね。息子が幼い頃はもちろん、中学生になり、高校生になり、大学生になり、社会人になった現在も、そのときどきにうれしいことや楽しいことがありました。というより、楽しい思い出しかありません。

私の胸の奥には、三回も流産してできた子だから、元気に生きてくれさえすればそれでいい、という思いが常にありました。

なのですくすく成長してくれただけでうれしくて、いつも笑顔でいられたのかもしれません。

**息子より**

母とは普通にいろんな話をしていました。怒られた記憶はほとんどありません。何かを強制されたり、頭ごなしに反対されたりしたこともないですね。だから、自分の思ったことや、やりたいことを、安心して素直に口に出せたのだと思います。

# 第二章　子どもの「やりたいこと」は全力で応援！

## いつしかサッカー一家に大変身

息子は三歳のとき、三年保育の幼稚園に入園しました。四歳の年中さんになった頃、夫が市の広報誌を見て息子に声をかけたのです。

「近所の小学校でサッカーやってるらしいよ。ちょっと見に行こう」

「うん、行く、行く」

その小学校では、地域のクラブチームが週末に活動していました。幼稚園の年少さんから小学六年生まで数十人が集まり、学年別にチームを作って練習に励んでいたのです。コーチはサッカー好きのおとうさんたちが手分けして務め、十数人いたでしょうか。

息子は好奇心が旺盛で、なんにでも興味をもつ子でした。子どもたちが楽しそうに練習しているのを見てすぐにやる気になり、幼稚園チームに入ったのです。

それからは毎週末、夫と息子はいそいそと小学校に通うようになりました。二人でサッカーグッズをあれこれ買い込み、息子の出で立ちはどんどんサッカー少年ふうに変わっていきました。

そのうち、息子だけではなく、付き添いの夫まで軽快なサッカーウエアを着こんだりして、出で立ちが変わっていったのです。（なんでパパまで？）と思っていたら、ある日、突然夫が言いました。

「ただいまー。俺、コーチすることになった」

「えぇーっ、そうなん、よかったね」

息子より夫のほうが満面の笑みでした。

熱心に通っているのでコーチ陣から声をかけられ、二つ返事で引き受けたようです。夫は小さい頃は野球、中学・高校時代は、私と同じく陸上をやっており、スポーツ好きでした。大好きな息子と一緒にサッカーをできるのが、うれしくてたまらないようでした。ただ、サッカーのルールについてはあまり詳しくないので、勉強して、審判講習会にも参加し、審判の資格も取りました。息子とともに、サッカーにのめりこんだのです。息子が小学二年生のときには、学年主任コーチにまでなりました。

その頃、息子は「大きくなったらパパのようになりたい」とよく言っていました。お父さんが「コーチ、コーチ」とみんなに声をかけられ、慕われているのを見て、誇らしい気持ちだったのでしょう。

もちろん、私も全力で応援し、息子が小学四〜五年生の頃には、サッカーチームの学年マネージャーになっていました。

ママさんたちは、子どもたちの送迎や飲み物の準備などを担当します。子どもたちはそれぞれ水筒をもってきてはいるのですが、足りないこともありますし、コーチ陣のためにも、いつもアイスボックスにお茶や水を用意していました。これは当番制になっていました。

なかには忙しくてできない人や面倒なことはしたくないという人もいます。そういうママさんたちに強制することはなく、やりたい人がやればいいよねというスタンスでした。だから、ギスギスしたりせず、気持ちよく子どもたちの世話を焼けたのかもしれません。

私自身はやりたい人でした。なので、我が家は三人家族なのに、七人乗りの車を買ったのです。

「さあ、今日はおばちゃんが送っていくよ。みんな乗りな〜」

こうして送迎するのも、声を張り上げて応援するのも、夫婦そろって大好きでした。

今振り返ると、楽しく幸せな時間でしたね。

中学受験のため、六年生のときに一年間中断しましたが、息子は高校を卒業するまでサッカーを続け、灘中・高時代は、サッカー部の副キャプテンとしてチームを引っ張りました。あまり強いチームではありませんでしたが、サッカーに夢中になっていた日々はよい思い出として、息子の胸にしっかり刻み込まれていることでしょう。

こうして何かに打ち込んだ経験というのは、その子の生きる力になるのではないでしょうか。受験のときには、スポーツにかけた情熱を勉強に振り替えればいいだけです。それができるのは、熱中した経験があるからこそだと私は思います。

**息子より**

父は小さい頃は野球をやっていて、サッカーの経験はありません。僕にも野球をやらせたかったらしいのですが、サッカーをやりたいと言ったら寄り添ってくれました。

母もいつもみんなを車で送迎してくれました。当時は小さかったのであたりまえのように受け止めていましたが、今考えるとありがたいです。

おかげで小学生時代は、五年生までサッカー中心の楽しい日々を送りました。

## お友達は親が選ばない！

「ただいま」

「ただいま」

「ただいま～」

「お帰り～」

声をかけながら、（あれ、今何人ただいまって言った？）と首をかしげることがしょっちゅうありました。近所の子どもたちが、息子にくっついて帰ってくるのです。私はすぐにその子たちのママさんに、心配しないように電話します。

「今、うちに来て遊ばせてるからね。いいかな？」

私は息子のお友達は誰でも大歓迎しました。あの子と遊びなさいとか、あの子はダメとか、言ったことはありません。

男女を問わず、息子が連れてくるお友達はみんなかわいくてたまりません。その子たちとおしゃべりするのも楽しかったですね。

息子が小学四年生になった夏、これまでの友人関係を壊さないように、また環境のよい地域でもあったので、社宅の近くに家を買って引っ越ししました。

相変わらず同級生たちが次々に遊びに来てくれ、うちはたまり場のようになりましたが、それもうれしいことの一つでした。

息子は一人っ子で、親は先に逝くのですから、小さい頃から言い聞かせてきました。

「お友達は大切にね。お互いに困ったときは助け合ってね」

「自分がやられて嫌なことは、絶対に他の子にしたらあかんよ」

もう一つ、口を酸っぱくして言ったことがあります。

「女の子を泣かせたり、手を上げたりしたら絶対にダメ！　優しくしてあげてね」

そのほか、人に迷惑をかけない、きちんと挨拶する、自分が間違っていたら素直に謝る、何かしてもらったらありがとうと感謝するなど、人間としての基本だと思うことはしつこく言い聞かせていました。

心を成長させることは勉強よりも大切、と私は信じています。それによって、豊かな人間関係が築ければ、子どもの一生の財産になるはずです。

中学・高校は男子校でしたが、息子はすばらしい教育環境のなかで濃密な時間を過ごしました。互いに認め合い切磋琢磨《せっさたくま》して、心から信頼できるたくさんのお友達に出会えたのです。親としては、何よりうれしいことでした。

そういえば、こんなこともありました。

大学生になったときのこと、息子は個別指導塾の講師のアルバイトをしており、バイト仲間の女子医大生とおつきあいを始めたのです。医師を目指すだけあってとてもしっかりしたお嬢さんでした。

ところが、ある日別れを告げられてしまったのです。要するに振られたわけです。

その理由というのが、これ。

「優しいのはいいけど、男は気概だと思う」

息子は友達にその顛末《てんまつ》を話したそうです。

「ええっ、おまえに気概を求めたらあかんやろ」

と、みんな爆笑したとか。

その話を聞いて、私も笑ってしまいました。そして、思ったのです。失恋も笑い話にしてくれるいい仲間がいて本当によかったと――。

私が「女の子には優しくしてあげてね」と小さい頃から言い聞かせてきたのが、裏目に出てしまったのでしょうか。息子らしいエピソードだなと、ほほえましく思ったものです。その後、就職活動の際には息子は大いなる気概を発揮し、希望の製薬会社に入社しました。彼女に振られたこともよい経験になったにちがいありません。

最近、その職場の同僚たちと富士山に登ったと、スマートフォンに画像を送ってきてくれました。みんな笑顔で実に楽しそうです。

ここでもよい仲間に恵まれたようで、私はほっと胸をなでおろしました。

**息子より**

母は、僕の友達をいつも歓迎してくれました。だから連れて帰りやすかったし、家で楽しく過ごせました。ただ、やたら友達としゃべりたがるのはちょっと困ったかも。

## ここってもしかして進学塾？

息子は学校のテストは常に満点でした。ですので、勉強はよくできると、私も本人も思っていました。

小学四年生にあがる春休み、いつものように小学校でサッカーをしていると、同じチームの一歳上の子どもたちに誘われたそうです。

「君も塾に行ったらええやん。僕らと同じ塾に一緒に行こ」

彼らはサッカーも上手で、とても仲良くしてもらっていました。

息子は天真爛漫で好奇心旺盛、誘われるとすぐその気になります。

「今日、塾に誘われてん。僕も行きたい、塾に行きたい」

「そうか、いいよ。じゃあ、体験授業に行ってみよか。どんな塾やろね」

私は、子どもがやりたいということは、どんなことでも否定しないで全力で応援する、と決めていましたので即OKしました。

二人で宝塚駅前にあるその塾に行ってみると、もう春期講習が始まっていたのです。

「体験できますか?」

私が尋ねると、先生が息子に言いました。

「じゃあ、ちょっとテスト受けてみようか」

「うん、受ける、受ける」

息子は大喜びです。

「おかあさんは買い物でもして、一時間後に戻ってきてください」

こう言われて、私はそばの宝塚阪急でぶらぶらして暇をつぶしました。

戻ると、息子が泣いているではありませんか。

「どうしたん?」

「習ってない問題ばっかり出て、できなかった」

これまで学校のテストでは百点しか取ったことがなかったので、よほど悔しかったのでしょう。このときまで、私はその塾が中学受験塾だとは気付きませんでした。普通の塾だとばかり思っていたのです。

予想外の展開に困惑している私に、算数科の先生が声をかけてくれました。

「おかあさん、こういう負けず嫌いの子は伸びますから、うちに預けてみませんか」

「ほんとですか」

伸びると言われてうれしくなり、その塾のパンフレットを開いてみました。各教室の先生の写真が掲載されています。

「えっ……」

そのとき訪ねたのは宝塚教室でしたが、西宮にある本部校の算数科の先生の写真に、私の目は釘付《くぎづ》けになりました。

「この人、N×××という名前じゃないですか」

「そうですよ。Nをご存じなんですか」

「小・中学校の同級生なんです」

そのパンフレットに名前は載っていませんでしたが、子どもの頃と同じ顔をしていたので、ひと目でわかりました。

「そうなんですか。じゃあ、もううちの塾に入るしかありませんね」

謎《なぞ》の理屈だと思いつつ、息子に聞いてみました。

「どうする?」

「明日からこの塾に行きたい。僕は習ってへんからできなかっただけや。塾に行ったら、できるようになるから」

「わかった。ちょっとパパに聞いてみるから」

私はその場で夫に電話をして事情を話しました。

「そうか。入りたいって言うんだったらそうすればいい。今すぐに入塾金を振り込もう」

夫の言葉に従って、私はすぐさま下の階にある銀行のATMから入塾金を振り込み、明細書を先生に渡しました。それと引き換えに、教科書をもらえるのです。

「じゃあ、明日からよろしくお願いします」

「任せてください。でも、今日のこの点数だったら、一番下のクラスになるけどいいかな？」

「いい、いい」

息子は即答しました。

こうして四年生になる春、息子は思いがけずS塾に入り、翌日から春期講習に通い始めたのです。すると、顔見知りの子がけっこういたと言って、驚いていました。みんな口には出しませんが、進学塾に通っている子は少なくなかったのです。

この入塾が、息子の人生の最初の大きな分岐点となりました。このときはまったく気付いていませんでしたが……。

ほどなく、私は二十数年ぶりにN君と再会しました。

「彼はほんとうに君の子か。君、勉強嫌いだっただろ」

「そのとおり」

「絶対この子は伸びるで」

彼も太鼓判を押してくれたのです。

今考えると、サッカー仲間に誘われなかったら、灘中学への道は開けなかったでしょう。

でも、中学受験をするとなると、大好きなサッカーを続けられなくなるかもしれない、勉強漬けではバランスを欠いた子になるかもしれない、などと危惧していました。

好きなことを存分にさせてやりたいという思いは強く、子どもの意思に任せようという結論に達するのが常でした。

このときは、息子自身が「塾に入る」と決めたので、私は全力でサポートしたのです。

## 息子より

入塾テストではまったく習っていない問題ばかりが出て、本当に理不尽やと思いましたね。悔しかったです。

それまで学校の成績は良かったので、自分はできると思っていました。でも塾に行き始めて、世の中にはめちゃくちゃ賢い子がいっぱいいるんやなと気付きました。

知らなかった世界を見ることができましたし、尊敬できる友達にも出会えました。塾の勉強も楽しかったです。S塾に入ってよかったと心から思います。

## 働きながら勉強をサポート

S塾はビルの三階にあったのですが、四階の生命保険会社で営業社員を募集しているのがふと目に留まりました。

ここで働いたらちょうどいいやん――。

実は、私は息子が幼稚園に入園したのを機に社会復帰していました。結婚後は専業主婦だったため、十年以上のブランクがあったので、はじめはリハビリのつもりで近所のスーパーのレジ打ちをしました。週に四〜五日、十時から午後二時まで、息子が幼稚園に行っている間だけのパートタイマーです。ときどき土曜日に、午後一時から五時までの勤務もありました。サッカーの練習を終えた息子が、夫とともにアイスクリームやジュースなどを買いに来たものです。

生活費は十分に夫からもらっていましたが、育児が一段落したら外に出て働くのは、私にとってはあたりまえのことでした。幼い頃から、祖母にそう教えられてきたのです。

私は実家の隣に住んでいた、母方の祖母を尊敬していました。その祖母の口癖が「働かざる者食うべからず」だったのです。割合早く祖父が亡くなったため、祖母は女手一つで五人の子どもを育て上げたそうです。脳出血で倒れる前日まで、呉服屋から請け負った和服の仕立てや直しの仕事をしていたのです。

私が六年生のときに他界したのですが、とてもかわいがってくれ、学校から、自宅ではなく、祖母の家に帰ることが多かった気がします。

私の脳裏には敬愛する祖母の口癖が焼き付いており、稼ぐ必要がなくても仕事はすべきと考えていました。

生命保険会社の募集を見て、私は迷わず応募しました。一ヵ月の研修後に採用され、息子がS塾に通い始めるのと歩調を合わせて、私は同じビルで働き始めました。

主な仕事は、割り当てられた地域にチラシを入れたり、反応があった方々の相談に乗ったりすることでした。

私はなぜかわずか一年で、営業主任に昇格したのです。

こうなるとノルマが発生します。親戚や友人を勧誘する気はまったくなかったので、二年ですっぱりやめました。

その後は今もずっと、歯科助手として働いています。

私は働きながらも、入塾してがんばっている息子をなんとかサポートできないかと考えを巡らせ、塾の同じクラスのママさんに頼んで、三年生の算数のテキストをコピーさせてもらいました。抜け落ちている基本問題があってはいけないと思ったからです。

もちろん、息子に「これをやりなさい」とは言いません。そのコピーを渡して、あとは本人の自主性に任せました。

また、間違えた問題があれば、息子の就寝後に近所のコンビニでコピーを取り、その問題に付箋《ふせん》を貼って机に置いておきました。こうすると、手が空いたときにいつでも解き直せると思ったからです。

こうして、働きながらも、できるかぎりのバックアップをしました。

たいていのお子さんは三年生から入塾するので、息子は一年遅れていました。でも、授業は刺激的で楽しかったようです。入塾テストができなかった悔しさもあるのか、塾の宿題は三日分を一気にやってしまう勢いでした。

息子の成績はぐんぐん上がっていきました。サッカーも続けており、勉強にサッカーにと大忙しの日々でしたが、結果が出ていたので、やりがいがあったことでしょう。

こんな息子を見ていて、私なりに思ったことがあります。

入塾したときに大切なことは、まず塾に慣れること、授業をしっかり聞くこと、毎日宿題に取り組むことです。こうして基礎をしっかり作ることが、はじめの一歩ではないでしょうか。土台がぐらぐらしていては、積み重ねていけません。そのうえで余裕があれば、応用問題や発展問題に取りかかるのがセオリーだと思います。

塾に入ってよかったのは、応用問題を一緒に解こうというお友達ができたことです。授業が終わった後の自習時間に、友達と楽しみながらトライしたようです。

**息子より**

母には申し訳ないけれど、コピーを取ってくれた三年生のテキストは、まったくやっていません。この頃、僕が意識していたことは二つありました。

一つは塾の小テストは常に百点を目指すこと――。

百点という点数にこだわっていたわけではありません。ただ、満点じゃないということは、わかっていない問題があるということ。それはまずいので、完璧にしておきたいという気持ちでした。

それに、学校ではいつも満点だったので、塾で満点をとれないのは悔しい。当然満点でしょという思いでしたね。勉強ができるようになりたいとか、上のクラスに行きたいとかではなく、この問題を解けるようになりたいという意識で塾に通っていました。

また、応用問題や発展問題は、めっちゃやりましたね。たとえばA問題とB問題だけで、C問題はしなくていいと先生に言われていても、全部やりました。パズルのような感じで、解くのが楽しかったからです。

もう一つは提出物の期限をしっかり守ること――。

サッカーも続けていたので忙しくはありましたが、それを言い訳にせず必ず提出期限は守るようにしていました。

今振り返ると、これらのことを地道に続けたことが、問題数をこなすことにつながり、その結果、成績が上がっていったのだと思います。

## 算数の最高レベル特訓を受講

少し塾に慣れてきた四年生の夏、夏期講習がありました。宝塚校の夏期講習の日程はサッカーの練習とかちあうので、サッカーを優先して西宮にある本部校に通うことにしました。

夏期講習の終わり頃、本部校の算数科のS先生からお電話をいただいたのです。

「一度、算数の最高レベル特訓を受講してみませんか」

と、言われました。

「本当ですか？　そんなふうに見てくださっているのですか。ありがとうございます！じゃあ、ちょっと本人を連れてお話を伺いに行きます」

飛び上がるほどうれしかったですが、返事は本人にさせるのがモットーなので、すぐに息子と一緒に西宮に出向きました。

S先生は灘中・高出身で東大卒の方でした。

その先生と私の同級生のN先生が熱心に勧めてくれたのです。

「ノートを見ても、宿題のやり方を見ても、授業中の取り組みを見ていても、彼は伸びると思います。ぜひ最高レベル特訓を受けてみて」

私は息子の意思を確認しました。

「どうする？」

「やりたい、やりたい」

いつものように息子はやる気満々、前のめりです。何かやろうとかどこかに行こうと誘われて、迷ったり、尻ごみしたことはありません。いつもワクワクしながら、知らない世界に飛び込んでいく子です。

「土曜日に西宮まで電車で行かなくちゃいけないけど、いいの？」

「いいよ。行く、行く」

もちろん、私には反対する理由はありません。

チャンスの神様の前髪は自分でつかもう!!　子どもがやる気を出したときはすかさずその気持ちをつかむ、そして全力で応援するのが我が家の流儀です。

「本人がやりたいと言っていますので、よろしくお願いします」

こうして夏期講習明けから、最高レベル特訓を受講することになりました。それまで宝塚校で算数、国語、理科を受けていたのですが、これを機に西宮北口校に移ったのです。

最高レベル特訓は月に二回あったので、その日は私が自宅の最寄り駅まで車で送りました。息子はそこから西宮まで電車で通いました。乗車時間は十分足らずです。通話だけができる携帯電話をもたせ、帰りは塾を出たら「今から電車に乗る」と連絡させ、それに合わせて迎えに行きました。

サッカーのある日は、練習が終わるとそのまま塾まで送りました。車の中で着替えさせ、水分を取らせ、場合によってはお弁当をもたせて、塾の前で降ろしたのです。

周りの人は、息子がまだサッカーを続けていることに驚きを隠せないようでした。中学受験が視野に入ってくると、習い事やスポーツはやめさせる親御さんがほとんどです。

「いつまでサッカーやらせてるの。いい加減にやめさせて勉強に集中させたほうがいいよ」

助言はありがたく受け止めましたが、息子がやりたいと言っている以上、サッカーをやめさせる選択肢は、私にはありませんでした。

**息子より**

中学受験を意識するようになっても、母はサッカーをやめろとは言わず、サッカーが終わって夕方から塾があるときは、車で送ってくれました。おかげで勉強とサッカーを両立できました。

いつも僕の気持ちを尊重してくれたことに感謝しています。

## どんなことも前向きに

算数の最高レベル特訓では、上のクラスの子どもたちと知り合い、たくさんのよい刺激を受けたようです。息子は帰宅すると目をキラキラさせて、塾仲間の話をするようになりました。

「みんなすごいで。めっちゃ難しい問題、すらすら解くねん」

「へえ〜、それはすごいな」

私はただただ感心するばかりです。

息子は上には上がいると身をもって知り、あの子たちのようになりたいと、いっそう勉学に意欲を燃やすようになったのです。

私もポジティブな声かけを欠かしませんでした。

「毎日、がんばってるね。ママが小学生の頃は遊んでばかりで、ぜんぜん勉強なんかしなかったわ。あなたはすごいな。感動するわ」

いつになくテストの点が悪かったときも、怒ったりはしません。

「今度、間違えなかったらＯＫやん。どこが理解できてないのかわかってよかったね。次がんばろな」

息子は算数は得意でしたが、国語はちょっと苦手でした。でも、私はできるほうを伸ばせばいい、とシンプルに考えていました。

一度、ママ友に勧められたことがあります。

「西宮に国語の専門塾があるから、通わせてみたら。算数がそんなにできるのにもったいないやん」

私は情報収集は大切だと思っていますので、一応塾に話を聞きにいきました。帰宅して息子に尋ねました。

「今日、この国語塾の話を聞いてきたんやけど、ちょっと説明聞きに行ってみる？」

「いやや、そんな塾行く気ない」

「そうか、じゃあ、やめとこな」

子どもが嫌がっているのに無理強いしても、いいことは何もありません。私はあっさり、もらってきたパンフレットをゴミ箱に放り込みました。

一方、Ｓ塾には喜んで通っていました。五年生になってまもなく、塾からジュニア算数オリンピックの申込書をもらってきました。

「先生が受けてみたらって」

「へえー、受けたいの？」

「うん、受けてみたい」

「じゃあ、やってみたら。どんな問題出るんやろね。おもしろそうやね」

難しいだろうとは思いましたが、私はいつものように背中を押しました。

六月に予選があり、案の定息子は撃沈。本人も予想していたらしく、あっけらかんとしていました。

「やっぱり、あかんかったわ」

「でも、いい経験ができてよかったね。そんなに簡単なもんじゃないってわかっただけでも、よかったやん。来年もあるから、また受けてみたらいいよ」

どんなことにもプラスの面は必ずあります。私は常に、そこに焦点を当てて声かけをするように心がけていました。失敗したからといって落ち込むのではなく、どうしたら次はうまくいくかを考えたほうが、ずっと建設的です。

その冬、息子はインフルエンザにかかってしまいました。幸いにも、タミフルを服用するとすぐに熱は下がり、食欲もありました。私は塾まで宿題や教材を取りに行きましたが、「元気なんやから家でやったら」とは言いません。

「インフルエンザなんやから、休めばええやん」

息子は朝から晩まで、延々とテレビゲームをやっていました。子どもたちに大人気のドラゴンクエストです。私はゲームはできないので、後ろで応援しました。

「そこや、行け！　おおっ、やったやん」

息子がクリアしていくのが楽しくて、私も夢中になりました。

インフルエンザの場合は、学校では出席停止期間が決まっているので、その間塾も休んで息子はゲームを堪能しました。

私は、インフルエンザにかかったのにも意味がある、と思っています。「この間は勉強しなくていいよ、楽しく遊べ」というサインではないでしょうか。ふだん、あれだけがんばっているのですから、ときにはこういう休息も必要です。

たまたまご縁があって進学塾に通い始めましたが、私は何が何でも中学受験とは考えていませんでした。サッカーにも熱中していましたし、中学受験をしない友達もたくさんいました。もし息子が、地域の仲良しの友達と一緒に公立中学に行きたいと言うのであれば、それでよしと思っていました。

あくまでも息子の意思が最優先で、私は常に最強の応援団長でありたいと願っていたのです。

**息子より**

母はテストの点数に一喜一憂しないで、いつもどっしり構えていました。僕がインフルエンザで休んで一日中ゲームをしていたときも、「やめなさい」とも「勉強しなさい」とも言わず、後ろで一緒に楽しんでいました。そのあたりはちょっと普通のおかあさんとは違っていたかもしれません。

僕は気がねなく、思いきりゲームができてうれしかったです。いい気分転換にもなりました。

# 第三章　息子が自らの意思で決めた中学受験～夫の東京転勤～

## それぞれの決断

息子が六年生に上がる三月、夫に東京転勤の辞令が出ました。息子は六月には広島への修学旅行を控えており、引っ越すには微妙な時期でした。

「パパが東京に転勤になるけど、転校してもいい？　そうすると、向こうの学校で修学旅行に行くことになるけど」

「いやや、絶対にいやや。知らない土地で知らない子どもと修学旅行なんか行きたくない。僕はこっちで修学旅行に行きたいし、みんなと一緒に卒業したい」

息子の気持ちは痛いほどわかるだけに、引っ越しを強行するわけにはいきません。

夫も考え込んでいます。

「親の都合で転校を押し付けて、息子の性格が歪《ゆが》んだらいけないよね」

とりあえず、夫が単身赴任し、息子が小学校を卒業したら、中学から東京で家族そろって暮らすのが現実的だと判断しました。

夫は単身赴任者用の借り上げの1DKのマンションに入ると決め、東京に赴きました。

一方、息子はこう宣言したのです。

「僕はサッカーをやめて、中学受験をする」

六年生になると、土曜日は塾が朝十時からみっちりあり、サッカーの練習には行けません。試合に出られないのにチームに在籍しているのは、他の子どもたちに申し訳ないと考えたようです。

息子がS塾に入塾したのを機に、四年生の秋ぐらいからなんとなく中学受験を意識するようになりましたが、私は受験しなさいとは一度も言ったことはありません。息子が自分の意思で受験を決めたことに感動しました。いつのまにかずいぶん成長したな、と頼もしく思ったものです。

そして私自身も、一つの決断をしました。今後一年間は仕事をせず、息子のサポートに専念することにしたのです。

夫が不在になるのだから、私が目を離さないようにしなければいけないと思いました。また、夫の収入でやっていけるのなら、人生の中で一年ぐらい子どもに思い切り向き合うのもいいのではないか、と考えたのです。

私は進学について塾の先生に相談しました。

「夫が転勤になったんで、東京の私立中学を受けさせようと思うのですが」

「ちょっと受験科目が違うんですよ。関西の私立は算数と国語と理科の三科目ですが、東京は社会が入って四科目になります」

「えっ、受験科目が増えるんですか」

「そうなんですよ。なんとか対策を考えましょう」

S塾では、息子のために社会科の対策をしてくださるというのです。実にありがたいことでした。

こうして、東京の私立中学を受験する方向で、準備を進めていくことになりました。

**息子より**

子ども心に、東京は冷たい町というイメージをもっていました。何より、友達と別れるのがいやでした。なので、僕としてはこのまま宝塚に残って、こちらの中学に進学したいという気持ちが強かったです。

## 母、東京の私立中学を見学に

その年の六月、また算数オリンピックに参加することになりました。試しに受けてみようかという軽いノリだった五年生のときと打って変わって、地方予選の一ヵ月前に息子はこう言ったのです。

「過去問買ってきて」

私は十年分くらいの地方予選の過去問が一冊にまとまっている本を、本屋で買ってきました。

すると、息子は計画的に過去問に取り組み始めたのです。何の準備もしなかった前年とは、大違いです。

学校や塾の宿題もあって忙しいなか、今日は一年分、今日は半年分という具合に解いていき、なんと一ヵ月で七~八年分をやり遂げました。これには驚きましたね。息子の本気を肌で感じました。息子の心に何か大きな変化があったのでしょう。

地方予選を終え、自己採点したところ、かなりの高得点でした。塾の先生も「この点数なら、今年はファイナリストになれるやろう」とうれしい言葉をかけてくださいました。

息子を修学旅行に送り出すと、その点数と塾の成績をもって、私は東京に飛びました。夫の住むマンションに泊まり、東京の有名私立中学を回ったのです。

どの中学も対応はほとんど同じで、事務的なものでした。関西から来る生徒は歓迎されないのかなと思うほどでした。

「では自由に校内を見学してください。終わったら声をかけてください」

取り付く島もないといった感じだったのですが、一校だけ丁寧に応対してくださった中学がありました。世田谷にある駒場東邦です。

学校を訪ねると、応接室のような部屋に通されました。

「ご苦労さまです。わざわざ兵庫県から大変でしたね」

と、ねぎらいの言葉に添えて、冷たい麦茶を出してくださったのです。蒸し暑い日でしたので、生き返った気分になりました。

「ちょっとお待ちください。数学担当の教師が休み時間にお会いしたいと申していますので」

どんな話をされるのだろうと緊張して待っていると、その数学の先生は穏やかな笑みを浮かべておっしゃったのです。

「算数オリンピックを目指すようなお子さんこそ、我が校が求めている生徒です。ぜひ、うちの中学に入っていただきたい」

この駒場東邦に、私が惹《ひ》かれたのは言うまでもありません。

帰宅して修学旅行から戻った息子にこの話をしたところ、駒場東邦を受験することに同意してくれました。私はほっと胸をなでおろしたのです。

それからまもなく、小学校の担任の先生から電話が入りました。何事？　とどっきりしましたが、うれしいお礼の電話でした。

「修学旅行のとき、息子さんがA君の面倒をよく見てくれて、みんなで楽しく回れました。息子さんをほめてやってください」

実はクラスに、ちょっと心臓の悪い男の子がいたのです。息子はその子と同じグループになったので、鞄《かばん》をもつ係、おんぶをする係など、分担を決めたそうです。息子自身は男子なのでおんぶ係となり、その子がしんどいと言うとおんぶして、原爆ドームや宮島を回ったといいます。A君のママさんからもお礼の電話が入りました。

「すごいやん。よくがんばったね」

息子はうれしそうでしたが、ポツリと漏らしました。

「A君な、細いけど、おんぶしたら重かってん……」

「そうか。同い年やもんな。でも喜んでくれたからよかったやん」

「うん」

晴れ晴れとした笑顔でした。

お友達に優しくできたのは、親として何よりうれしいことでした。どうやら担任の先生は、そういう息子の性格を見抜いて、同じ班にしたようです。

おかげでいい経験をさせてもらいました。自分が優しくすれば、みんなが楽しく過ごせることを学んだのです。

先生は息子の心を育ててくださったのだと感謝しました。

今思うと、幼稚園の頃からずっと、学校でも塾でもよい先生に恵まれました。息子も私も強運の持ち主なのかもしれません。

## 息子より

東京の私立中学というと、まず開成や麻布が頭に浮かぶと思いますが、母は単に偏差値

郵便はがき

料金受取人払郵便

新宿局承認

2524

差出有効期間
2025年3月
31日まで
(切手不要)

160-8791

141

東京都新宿区新宿1－10－1
(株)文芸社
愛読者カード係 行

| | | | | |
|---|---|---|---|---|
| ふりがな<br>お名前 | | | | 明治 大正<br>昭和 平成 年生 歳 |
| ふりがな<br>ご住所 | □□□-□□□□ | | | 性別<br>男・女 |
| お電話<br>番 号 | (書籍ご注文の際に必要です) | ご職業 | | |
| E-mail | | | | |
| ご購読雑誌(複数可) | | | ご購読新聞<br>新聞 | |

最近読んでおもしろかった本や今後、とりあげてほしいテーマをお教えください。

ご自分の研究成果や経験、お考え等を出版してみたいというお気持ちはありますか。

ある　ない　内容・テーマ(　　　)

現在完成した作品をお持ちですか。

ある　ない　ジャンル・原稿量(　　　)

| 書　名 | | | | | | |
|---|---|---|---|---|---|---|
| お買上<br>書　店 | 都道<br>府県 | 市区<br>郡 | 書店名 | 書店 | | |
| | | | ご購入日 | 年 | 月 | 日 |

本書をどこでお知りになりましたか？

1.書店店頭　2.知人にすすめられて　3.インターネット（サイト名　　）

4.DMハガキ　5.広告、記事を見て（新聞、雑誌名　　）

上の質問に関連して、ご購入の決め手となったのは？

1.タイトル　2.著者　3.内容　4.カバーデザイン　5.帯

その他ご自由にお書きください。

（　　）

本書についてのご意見、ご感想をお聞かせください。

①内容について

②カバー、タイトル、帯について

弊社Webサイトからもご意見、ご感想をお寄せいただけます。

ご協力ありがとうございました。

※お寄せいただいたご意見、ご感想は新聞広告等で匿名にて使わせていただくことがあります。

※お客様の個人情報は、小社からの連絡のみに使用します。社外に提供することは一切ありません。

■書籍のご注文は、お近くの書店または、ブックサービス（0120-29-9625）、セブンネットショッピング（http://7net.omni7.jp/）にお申し込み下さい。

が高いところというのではなく、僕に一番合う学校という視点で探してくれました。それがうれしかったですね。

ただ、僕はやはり東京に行くことに抵抗があり、なんとかこちらに残れないかと考えていました。

## お弁当に母の愛を詰め込んで

予想どおり、息子は算数オリンピックの予選を突破し、ファイナリストに選ばれました。その夏、本選に出場するため、S塾の仲間と一緒に、東京の代々木の会場に向かいました。

本選には、全国各地から算数が得意な子どもたちが続々と集まってきます。このファイナリストの名前や校名、出身の都道府県名などは発表されています。

中学からは数学オリンピックという名称になります。灘中学に入ってからわかったのですが、大阪や兵庫県の算数オリンピックのファイナリストはほとんどが灘の生徒でした。

さすがに灘や、と感心したものです。

本選に臨んだ息子たちは一心に算数の問題に取り組み、終了後、代々木公園でしばらく遊びました。夏の日差しを浴びながら、子どもたちは大喜びで走り回り、かくれんぼをしています。成長したと思っても、そこはまだ小学生です。

私も夫も、他のママさん、パパさんたちも、みんなニコニコして、そのほほえましい光景を眺めていました。実に幸せなひとときでした。

ファイナリストになったS塾の仲間は六人ほどいて、息子以外は一年生や低学年から塾に入り、灘中学を目指している子どもたちでした。

息子は入塾は四年生と遅かったものの、ファイナリストとして彼らと同じ場に立てたのです。このときから、息子は灘中学を目指すようになりました。自分も彼らと一緒に灘へ行きたいと思ったようです。

でも、私たちは半信半疑でした。その頃の息子の成績では、灘はまだまだ考えられませんでした。息子の前では言いませんでしたが、

「俺らの子だよ。灘はさすがに難しいと思うよ」

というのが本音でした。この夫の言葉に、

「そうだよね」

と、私も笑ってうなずきました。

ただ、私はこの算数オリンピックにかける息子の意気込みを間近で見ていただけに、心の片隅に、ひょっとしたらひょっとするかもという思いが、かすかに芽生えていました。無理かどうかはやってみなければわかりません。息子はやると決意したのですから、私は全力で応援して、母子で中学受験を思いきり楽しもうと決めました。

算数オリンピックが終わると、息子は塾の夏期講習に通い始めました。灘クラスで、朝から晩まで勉強漬けの日々です。

勉強についてはすべて塾にお任せしているので、いっさい口出しはしません。私にできるのは、塾までの送迎とお弁当作り、息子を励ますことだけです。

電車で行かせるとそれだけで疲れるので、夏期講習中は私が車で送迎しました。朝、息子に昼ご飯のお弁当をもたせて送り、塾の前で降ろして帰宅します。しばらく家事をし、夕方の四時ぐらいに今度は晩ご飯のお弁当を塾にもっていきます。そしてまた夜、迎えに行くのです。

こうして毎日笑顔で元気に三往復が、その夏の私のルーティンでした。

私は、栄養バランスのとれたおいしい食事こそ、母親の一番のサポートと考えているので、お弁当はできるかぎり手作りを心がけていました。

といっても、子どもがたまに「エビフライを食べたい」とか「とんかつ弁当が食べたい」と訴えると、買って晩ご飯用のお弁当としてもっていくこともありました。手作りに固執するのではなく、そのあたりは臨機応変に対応していました。

息子はカレーが好きだったので、密閉容器にそれぞれカレーとご飯を入れて運んだこともあります。

「お弁当の時間に、彼がもってきたカレーのにおいが教室にこもっちゃって。なぜかこのクラスはカレーをもってくる子が多いんです」

などと先生に言われて恐縮したものです。

その他、よくお弁当に入れたのは肉野菜炒めですね。肉と一緒に、シイタケ、キャベツ、ピーマン、ニンジンなどの野菜を炒めて、ポン酢で味付けします。野菜を一気にとれるし、簡単なのでおすすめです。

塾には、クラスごとにお弁当を置く棚がありました。

「何か一言お母さんのメッセージを添えてください」

と先生に言われているので、「今日もがんばってね」とか「アイス買ったよ」とかメモを付けていました。

灘クラスは八人で、棚には八個の手作り弁当がずらりと並んでいました。子どもが朝から晩まで勉強をがんばっているのだから、好きなものを食べさせてやりたい、という親心でしょう。

どのお弁当にも必ず一言メモが貼ってあり、皆さんすばらしいなと、私も励まされました。

クラス全体が気持ちを一つにして、灘合格に向けて突き進んでいたのです。

――みんながんばれ！

私だけではなく、皆さん、心の中はこの思いでいっぱいだったでしょう。

「中学受験は親の受験」とよく言われます。親の役割が大きいからだそうですが、この言い方にはちょっと違和感があります。私は、親が子どもにどう働きかけるかを問われるのが、中学受験だと思っています。

親が子どもとの向き合い方を真摯に考え、学び、よりよい方向に変えていくことで子どもは伸びていきます。中学受験を通して、親も子どもと一緒に成長していく――。これが真の「親の受験」ではないでしょうか。

私は、息子にどんな言葉をかけようか、どう関わろうかと常に考えていました。無我夢中の日々でしたが、楽しかったですね。

十二歳の息子と関われるのは、今このときだけ。かけがえのないこの時間を大切にしたいと、心から思ったものです。

## 息子より

この年の算数オリンピックは、僕にとってのターニングポイントになりました。ファイナリストの仲間と同じ中学に行きたいという思いがふくらみ、灘を目指すようになったのです。

今振り返って母に一番感謝していることは、この夏期講習のときに、毎日塾まで送迎してくれたり、お弁当をもってきてくれたことですね。最も僕の印象に残っているお弁当のおかずは、肉野菜炒めです。おいしかったです。

同じクラスのお弁当が大好きな子が、うっかり弁当箱をひっくり返して中身をぶちまけ、大泣きしたことがありました。その後先生にサンドイッチか何かを買ってもらって、喜んで食べていましたが、こんなハプニングも、今となっては懐かしい思い出です。

## サッカーのピンチヒッターで怪我

こうして夏期講習に通っていたある日、サッカーのコーチから電話がかかってきました。

「お盆休みに帰省した子が多くて人数が足れへんから、今度の日曜日、試合に出てくれへんかな。お盆休みも塾あるのかな」

「わかりました。ちょっと本人に代わりますね」

息子は「行きます！」と即答しました。

試合前日からいそいそと準備をし、私もすぐにお弁当の用意をしました。

当日は晴天でした。私は張り切って車を出し、集合場所の小学校に向かいます。

「お久しぶり〜、今日は私が運転していくよ、乗ってー」

「お久しぶり〜、助かる〜」

試合会場は兵庫県三木市の三木総合防災公園で、片道一時間半ほどかかります。子どもたちとママさんたちを乗せ、わいわい言いながら高速に入り、山陽自動車道をひた走ります。

無事防災公園に到着すると、子どもたちは元気にピッチに出ていきました。

真夏の太陽が照り付けるなか、試合が始まりました。私はママさんたちと必死に声援を送ります。

「行け、行け、シュート！」

「ああ、あかん。惜しい！」

「もうちょっとやったのに」

みんな汗だくです。

子どもたちも汗を光らせながら懸命にボールを追います。息子も生き生きしてめっちゃ楽しそうです。

相手のボールを奪おうとして、息子が倒れこみました。そのとき、隣にいたママさんが心配そうに言いました。

「今ちょっと変なこけかたしなかった？」

「えっ、そうかな」

さほど危険なプレーには見えなかったのですが、息子は手を握ってその場にうずくまっています。

交代したので見に行くと、左手が腫れあがっていました。コーチもあちゃーという表情です。

「これはやばい。ひょっとしたら骨折してるかもしれんな。今日は日曜日やから、明日すぐに病院に連れていってください」

「はい……」

まずいことにはなりましたが、息子も久々のサッカーを満喫しましたし、私もママ友たちと大いに盛り上がって楽しい一日でした。

息子はけろりとしています。

「久しぶりに鉛筆より重いもん、もったからや。今日ははしゃいでしもた」

「まあ、右手でなくてよかったね」

「そうやな」

翌日、整形外科でレントゲンを撮ってもらうと、幸いにも骨折ではなく打撲でした。ただし固定する必要があり、左手は包帯でぐるぐる巻きにされてしまいました。

やむを得ずそのかっこうで塾に行くと、先生に親子でえらく怒られました。

「おまえはどこの中学目指してるんや」

これは私に向けられた言葉だと思い、「すみません。てへへっ」と頭をかきました。

「でも、本人は楽しかったって言ってますので。試合中は本当にめちゃくちゃ楽しそうで、思いきり叫んでいました」

私がニコニコして言うと、先生は「はあ〜」と少し呆《あき》れぎみでした。

夏休みの大切な時期に怪我をさせてしまったのは、反省しなくてはいけません。でも、息子が助っ人としてサッカーの試合に行きたがっているのに、止めるという選択肢は私にはありません。

先生には言えませんでしたが、私は納得していました。

「しょうがないよな。サッカーしたかったんやから」

怪我をしたのが左手だったのは、不幸中の幸いでした。

息子が加入していたこのサッカーチームで、卒団時に中学受験をしたのは息子だけでした。六年生になって一年間の休部を決めたとき、チームの仲間は息子の受験を受け入れ、応援してくれました。コーチも息子と握手をして「決めたのならがんばってやり遂げ、合格をつかみ取ってこい！」と笑顔で送り出してくれたのです。

チームメイトやコーチ、保護者の皆さん、全員が温かく見守ってくださり、どれだけ勇気づけられたかわかりません。

このチームで過ごした日々は私たちにとっては大切な宝物で、息子のその後の人生の礎となったのは間違いありません。今もこの仲間たちとは交流が続き、年に一度親子で集まっています。

**息子より**

怪我をしたとき、僕は「あっ、やっちゃった」という感じで、そんなにたいしたこととは思いませんでした。それに、先生にすごく怒られたとも感じてなくて、特に気にしませんでしたね。サッカーではよくあることですから。

チームのみんなが僕の受験の応援をしてくれたのは、本当にうれしかったです。あのチームでサッカーに打ち込めたことは、最高に楽しい思い出です。

## お金に羽が生えて飛んでいく

灘中学を受験すると決めてからは、自分の立ち位置を知りたいからと、息子は大手塾のオープン模試を受けるようになりました。

S塾では灘クラスは八人でしたが、トップレベルの合格実績を誇る「H学園」には百人ぐらいもいました。H学園の灘中オープン模試を受けると、おおよそ自分がどのあたりにいるのかつかめるのです。

むろん、S塾の先生にも相談して、承諾を得ていました。

私は子どもがやりたいということはいっさい反対しません。どうしてそうしたいか、ということは聞きますが。

お金も出し惜しみしません。子どもにお金の心配をさせない、というのは我が家の基本方針でした。

私は家庭の事情と父の反対で、四年制大学進学を諦めざるを得ませんでした。夫も実家が商売をしており、苦労して進学しました。浪人してしまったときは予備校の特待生となり、無料で通ったそうです。

私と家庭環境が似ていて、同じような苦労を経験していることから気が合い、私たちは結婚に至りました。子育てについても、共通の価値観をもっていました。

やりたいことはやらせる、欲しいというものは与える、お金がないからと諦めさせない、子育てにお金は惜しまない――。

ですので、六年生の一年間だけで、通常の塾代に加え、夏期講習・冬期講習代、他塾の模試代など、合わせると百万以上はかかりましたが、夫は気持ちよく出してくれました。

このH学園のオープン模試も、模試を受けるだけなのに、入塾代まで払わなくてはならないのです。

でも、夫は言いました。

「やりたいというのならやらせればええよ。それであかんかったら、納得するだろうから」

一度夫に聞いたことがあります。

「単身赴任してるとき、パパはどんなふうに私たちのことを見てたん？」

「そうだな。運動会で二人三脚しているのを、グラウンドの脇から見てて、がんばれーと大声で応援してる感じかな。倒れそうになったら自分が支えるし、塾代とかお金が必要なときは、何も言わずに払おうと決めてた。ママと息子が、がんばっているのはわかっていたから」

この言葉どおり、どんなに費用がかさんでも、夫は一言の文句も言いませんでした。

もちろん、恩着せがましく「こんなにお金出してるんだから、がんばらないといけないよ」などとも言いません。ただ、いつかどこかで気付き、感謝できる子に育ってほしいと願っていました。

この頃を振り返って思うのは、いくら惜しみなく使うといっても、生きたお金の使い方をしなければいけないということです。

他の子がそうだからと、家庭教師をつけたり、塾をはしごさせたりすると、子どもは睡眠時間を削られ、息切れして、かえって成績が下がってしまいがちです。

私は本当に息子に必要かどうかを、まず考えました。

息子の場合、算数は得意でしたが国語はあまり点が取れず、もう少し読解力をつけられたらいいなと思っていました。そのとき、前にも述べましたように「国語塾に行かせたら」と友人に勧められたのです。

行かせるのは簡単です。でもその前に、情報を集めて本当に必要なことなのか自問し、子どもはどう考えているのかしっかり向き合って話し合う。この手順を踏むことが大切だと私は思っています。

あれもこれもと手当たりしだいにやらせて散財するのではなく、お金のかけどころをきちんと見極めるということですね。

私もそうでしたが、今は情報があふれているので、よけいに振りまわされがちです。親がふらふらしていると、子どもも不安になります。我が家はこれで行く、我が子にはこれが一番と決めたら、ぶれない強い気持ちをもって貫きたいものです。

それがとても重要なことだったんだと、今、思います。

## 秋の模試でE判定……

夏休みが終わり、ちょっと一息ついた頃、ささいなことで息子とけんかをしました。たぶんゲーム関連だったと思います。夫がいないぶん、私がしっかり躾《しつけ》なくてはと、少し肩に力が入りすぎていたかもしれません。

私が注意すると、珍しく息子が口答えしたので、思わずビンタしました。するとあろうことか反撃してきたのです。

親に手を出すなんてとんでもない。両頬をパンパンと倍返しにしてやりました。私が息子に手を上げたのは後にも先にもこのときだけです。息子に叩《たた》かれたのもむろん初めてです。そもそも、息子を怒ることがほとんどなかったのですから。

そんな小さなトラブルはあったものの、うれしいことに息子の成績は順調に上がり続けていました。

S塾では東京の私立の受験に備えて、社会科の対策を施してくれていたのですが、灘を受験すると決めてから、息子は社会科を放棄しました。あれこれ手を広げず、灘合格に必要な科目に全力を注ぐ選択をしたのです。

これは東京には行きたくないという、息子なりの意思表示でもありました。

ここに至って、夫もさすがに息子の本気を無視できなくなったのでしょう。ポロリと言いました。

「灘ならいいよ。灘に受かったら俺は単身赴任を続行するよ」

この言葉を聞いて、夫はやっぱり家族三人で暮らしたいんだなと思いました。

以前より近づいたとはいえ、まだ灘は遠い存在でした。塾の先生にも「このまま伸びるか、その手前で止まるかわかりません」と釘を刺されていました。

夫は息子のがんばりを認めながらも、灘には行けないと見越して、こんな条件を出したのでしょう。単身赴任するまでは、年に二回、家族旅行をするのが我が家の恒例行事となっており、家族仲は良好でした。夫は東京での慣れない一人暮らしで、寂しかったにちがいありません。一年経てばまたみんなで暮らせると期待して、ぐっと我慢していたのです。ところが、夫が半ば冗談のつもりで発した「灘ならいいよ」というこの一言が、いっそう息子を燃え上がらせました。父親の許可を得て、仲間と一緒に灘に行く道が開かれたのですから、張り切らないわけがありません。

しだいに秋は深まり、息子は強い決意をみなぎらせて、必死に勉強に取り組んでいました。灘中オープン模試の成績は、C判定とD判定を行ったり来たりしています。もう一息と喜んだのも束の間、十一月の模試でなんと初めてのE判定を取ってしまったのです。この時期にこの成績ではやっぱり灘は難しいかもしれないと、正直私は思いました。

息子は自分の部屋にこもり、泣きながら勉強しています。

「泣くぐらいなら、勉強やめなさい。泣きながら勉強せんとあかんところには行かんでいい。もっと楽に受かるところに行き」

私は息子を叱りつけました。

このとき、二つの気持ちが交錯していました。一つは、息子には負けず嫌いで天邪鬼《あまのじゃく》なところがあるので、こう言えば逆に奮起するのではないかというずるい考え。もう一つは、そんなに灘にこだわらんでもええやんという素直な気持ちでした。

後者の気持ちがより強かったですね。息子が灘に行くと決めてからは応援してきましたが、まだ十二歳、そんなに無理しなくても、もっと楽に入れるところを受ければいい、灘だけが中学ではないともずっと思っていました。

親としては、泣きながら勉強する子どもの姿など見たくありません。毎日笑って楽しく過ごしてほしいのです。

私の脳裏に、同じクラスのママさんの声がよみがえりました。

「うちの息子は、一つ下の中学のクラスに行くことにしたから……」

それを伝えると、息子はかなり動揺していました。彼は、ふだんは息子より成績がよかったのです。

それでも志望校を変えざるを得なかったことを思うと、私の心も揺れました。

なおも泣きながら勉強を続ける息子に、どんな声かけをすべきか逡巡《しゅんじゅん》していると、階下で電話が鳴りました。

「息子さん、どうしていますか？」

塾のS先生でした。

「帰ってきて、二階の自分の部屋で泣いています」

「僕は彼にこう伝えました。選択肢は二つある。ここで諦めて進路を変えるか、奮起して灘を目指すか。僕は後者のおまえでいてほしい、と言ったんです」

S先生は灘、東大を出ているので、灘を目指す子どもの気持ちを理解して、いつも的確なアドバイスをしてくださいます。この先生が息子の素質を見抜き、最大限に能力を引き出してくださったのです。信頼するS先生の言葉は、私の心に響きました。

塾は合格実績を上げることが何より大切なはずなのに、リスクの高い灘受験を勧め、息子の心に寄り添ってくださったのです。この先生に親子で応えたい、という気持ちが沸き上がりました。

――そうや、私がうろたえたらあかん。

息子の部屋に行くと、まだしゃくりあげながら勉強しています。

E判定をとっても、息子の意思は一ミリも揺らいでいないのです。ひょっとしたら本当にこの子は灘に行くかもしれないと、そのとき感じました。

ここまできた以上、子どもを信じ、塾の先生を信じ、歩調を合わせて前に進んでいくしかありません。二度と否定的な言葉は発しない、と心に誓いました。

**息子より**

ゲームのことでビンタされたとき、理不尽だと感じて母の頬にペチッと軽く手を置きました。叩いたりしていません。それなのに、パンパンと平手打ちをくらってびっくりしました。それまで怒られたことはほとんどなく、もちろん叩かれたこともありません。これはどうしようもないなと思ったものです。

「灘ならいいよ」と父が言ってくれたときは、飛び上がるほどうれしかったです。

それなのに秋にE判定を取ってしまい、ショックでめちゃくちゃ泣きました。

S先生は「諦めるかがんばるか、道は二つある。僕はがんばるおまえでいてほしい」と言ってくれました。この言葉には本当に感謝しています。

一方、母には「泣くぐらいなら勉強するな」とか「もっと楽に受かるところに行け」と言われました。僕は灘に行くと決めているのに、なんでそんなことを言うのかと、腹が立ちました。

諦める気持ちなどまったくありませんでした。母がなんと言おうと、泣きながら勉強を続けたのを覚えています。

## ようやく光が見えた

息子に歩調を合わせると決めてからは、私はポジティブな言葉しかかけませんでした。

「E判定とったのが今でよかったやん」

「まだ時間はある。ここから盛り返して一月にピークをもっていこう」

息子を励まし続けましたが、その言葉とは裏腹に、不安に苛まれることもしばしばありました。

やっぱり無理かもしれない、本当にこれでいいんだろうか。志望校をワンランク落としてそちらの対策をしたほうがよかったのではないか――。自問自答を繰り返す日々でした。

正解はわからないので、本当に苦しかったですね。秋から十二月にかけて、受験生の親なら誰しも経験する苦しみなのかもしれません。

S塾の私の同級生のN先生にも見解を聞いてみました。

「十一月の模試でE判定とってん。それでも灘に行くって言うんやけど、どうしたらいいやろ」

「それはほんとに賭けかもしれんな」

「やっぱりそうかな」

「でも、彼はぶれずにがんばってる。まだ受験まで時間があるから、家庭でしっかりサポートしてやって」

「うん、私もがんばるわ」

N先生に励まされて少し気を取り直すものの、しばらくするとまた不安に襲われ、いてもたってもいられなくなってしまうのです。

そんなときは、同じ灘クラスのK君のママさんに、不安を聞いてもらいました。K君は超優秀で、灘クラスでも目立つ存在でしたが、親子ともども仲良くしてもらっていたのです。

「これでよかったのかな」

「その答えは、合格したときにしか出ないのよ。中学受験は合格してなんぼやもんね」

そう、誰も答えはもち合わせていないのです。

合格に導くには、母親の心のもち方が大切と肝に銘じ、私は息子の前では努めて明るく振る舞いました。

「行ってらっしゃい。今日も元気にがんばって」

笑顔で息子を塾の前で降ろします。でも、ビルに吸い込まれていく小さな背中を見つめていると、華やかなイルミネーションが涙でにじんで見えなくなるのです。

もし不合格だったら、息子に地獄を味わわせることになるのではないか。そう思うといたたまれず、息子のいないところでしょっちゅう泣いていました。結局、私より小学生の息子のほうが、ずっとしっかりしていたのです。

十二月下旬、S塾の冬期講習が始まりました。一月の初めにかけて二週間ほど朝の九時から夜九時まで十二時間みっちり勉強して、総仕上げをするのです。現在はありませんが、当時はおおみそかも特訓があり、クラスみんなで年越しそばを食べて士気を高めます。

この年は紅白歌合戦を楽しんだり、お正月気分に浸る余裕はなく、我が家には張りつめた空気が流れていました。

この時期の母親としての最大のサポートは、子どもの体調管理と温かい食事作りです。温野菜を中心にして、しゃぶしゃぶや水炊きのような鍋物、すき焼きなど、体を冷やさないメニューを心がけました。ビタミン類が豊富な新鮮な果物も欠かせません。

風邪やインフルエンザなどの感染症にも注意が必要です。睡眠時間を確保し、温かく過ごせるように気を配りました。

息子によると、冬期講習は演習が主で、過去問を解いてその点数を毎日出していくスタイルだそうです。息子はなかなか好調のようでした。

秋の模試では泣きじゃくりましたが、この二週間で驚くほど力が伸びました。なんとすべての点数の合計が灘クラスで三番だったのです。

「だけど、トップのS君と二番のK君との差は五十点、K君と僕の差も五十点、僕とその下は五～六点しか離れてないねん」

「そうなんや。やっぱりS君とK君はすごいな。でもあなたもよくがんばったやん。あの二人は別格やから」

「うん、まあね」

二人がずば抜けてよくできるのはわかっていたので、三番になったのは実にうれしいことでした。この成績をとれたことで、息子はかなり自信をもったようです。私も灘合格の光が見え、ようやく暗いトンネルを抜け出た気がしました。

夫が言うように、親と子が同じ歩幅で、同じでリズムで一緒に前に進んでいくという点で、中学受験は二人三脚に似ています。親が焦って大きく足を踏み出したり、勝手に方向転換したりすると、バランスが崩れて二人とも倒れてしまいます。

無事にゴールするには、最後まで子どもを信じて一歩ずつ着実に進んでいくことが大切と学びました。

**息子より**

S君とK君はめちゃくちゃできるので、冬期講習での三番は、僕としては納得のいく成績でした。これで、いけるという気持ちになりました。

K君は明るくて、算数の授業中も先生に盛んに話しかけていました。「ここはこうしたほうがいいんじゃないですか」と、先生よりいい解き方を提案するのです。初めて出会ったとき、面白い子だなと思いました。すごく賢くてスター性があって、憧れる気持ちが強かったですね。

一方、S君は寡黙でとっつきにくいところがありましたが、灘に進学後、理系のオリンピックの世界大会に出場するほど、天才的な頭脳の持ち主でした。

この二人にはかなわないなと思ったものです。

## ハラハラドキドキの合格発表

一月半ば、いよいよ私立中学の入試が始まりました。灘は二日間にわたって行われます。

一日目が終わったとき、息子はニコニコして試験会場から出てきました。

「どうやった？」

「うん、自分の力は出した。あの問題、こう解いたらよかったというのはない」

「そうか。よかった」

二日目も明るい表情でした。

「全部出し切った。これで不合格やったら、灘は僕をお呼びじゃないねん。後悔はないから、もし不合格やったら東京に受けに行くわ」

やりきった満足感が漂っています。とりあえずもてる力は出し切れたようなので、私も心底安堵《あんど》しました。よかった——。

翌日奈良に行き一泊して、併願校の西大和学園の受験に臨みました。小学六年生なので母親は付き添っていき、試験中は体育館で待機します。前の大型スクリーンに、学園のＰ

R動画が絶えず流れています。校長先生や生徒たちが、学園の特徴や魅力について話します。

本当に失礼な話ですが、見ているフリ、聞いているフリはしていました。灘中学ではそろそろ合格発表が始まっている時間です。その結果が気になり、まったく頭に入ってきません。「早く終われ、早く終われ」と、時計ばかり見ていました。

西大和学園の入試は午前中で終了し、子どもたちがぞろぞろ試験会場から出てきました。私は待ちかねて息子に駆け寄りました。

昼ご飯を食べ、合格発表を見るために灘中学へ向かったのですが、どうやって電車に乗ったのか、いつ乗り換えたのか、記憶にありません。緊張の極致だったのでしょう。

途中で東京の夫にメールしました。

「西大和学園の入試が終わって、これから灘の合格発表見に行くとこ。誰からも合格を知らせる連絡は来てない」

「受かってたら連絡来るだろう。来ないということはだめだったと思っておかないと」

この夫の言葉に、冷たい塊が胃に落ちてくるのを感じました。

洛南を併願したK君たちは、もう合格発表を見に行っているはずです。

S塾では、合格発表は本人が見るもの、合格でも不合格でもいっさい連絡はしない決まりになっていました。でも、もし受かっていたら、ママ友がこっそり教えてくれるのではないかと、私は期待していました。

やっぱりあかんのやろか。息子は手応えを感じていたようやけど……。

灘中学の体育館が近づくにつれ、不安と期待が交錯し、心臓がバクバクして口から飛び出しそうになりました。

荷物を抱きしめながら、体育館に足を踏み入れます。

思い切って掲示板を見ると、息子の受験番号311が目に飛び込んできました。

「あったー!」

その瞬間、秋にE判定をとってからの苦しかった日々が走馬灯のようによみがえり、涙があふれてとまらなくなりました。間違ってなかった、これでよかったんや――。

「やったね!」

横を見ると息子はいません。私は親子で抱き合って喜びたかったのに、算数科のS先生と抱き合っているではないですか。

なんや、親より先生やん――。

ちょっと興奮が冷め、K君のママさんと喜びを分かち合いました。

ああ、これで子育てが終わった、と思うとまた涙があふれました。

えっ、十二歳で子育て終了？

やはり興奮して、思考がぶっ飛んでしまったのでしょう。とにかくやりきったという快い達成感に浸ったのです。

灘に入ったら、息子は私の知らない世界を歩むにちがいない、邪魔をしたらいけないなと、感傷的な気分にもなりました。

今振り返るとちょっとおおげさでしたが、それだけ灘の壁は高く、険しかったということなのかもしれません。

すぐ夫に電話しました。

「パパ、受かった、受かったで！」

「よっしゃあ！　やったなあ、よくがんばった」

夫はものすごい喜びようで、職場で叫んだそうです。

「息子が灘に受かりました！」

**息子より**

受かったときはめっちゃうれしかったです。六年生のときは、本当に勉強をがんばりました。四年生入塾はやっぱりチャレンジャーでしたね。

ギリギリまで成績を上げ続けて、ようやく合格をたぐり寄せることができたのです。やりきったという達成感でいっぱいでした。

僕がここまで来られたのは、S先生のおかげです。先生とは今でもＬＩＮＥでつながっていて、連絡を取り合っています。

## 小学校卒業式で息子が語った夢

灘中学では、合格、不合格にかかわらず、その日のうちに全員に入試の科目ごとの点数が開示されます。事務局に行くと、成績が入った封筒を渡されるのです。

なんと本番では、あの超優秀なＫ君より、息子のほうが点数がよかったのです。

「なんで僕のほうができが悪いんや。納得いかん」

Ｋ君はぶつぶつ文句を言っています。といっても笑いながらです。

私も思わず笑ってしまいました。息子は全身全霊で灘にいどみ、あの強固な扉をこじ開けたんだという実感がようやく湧いてきました。

塾の先生方には以前からこう言われていました。

「小学生は受験のときに化ける。受験日にピークをもっていけたらそれでいい」

そのとおりになったのです。

我が子ながらあっぱれです。

幸か不幸か、夫は単身赴任を続けることになりました。

「おとうさんは東京でがんばるから、おまえは灘でがんばれ」

「うん」

二人の晴れやかな笑顔を、私は満ち足りた気分で見つめました。

合格したからこそ言えるのですが、中学受験をしてよかったと思います。この受験を通して、息子は自分の意思で決定し、やりきる大切さを肌で学びました。この貴重な経験は、これからの人生の大いなる糧になるにちがいありません。

私は思い悩んだり涙しながらも、選択肢を示すだけにとどめ、息子の決定を尊重する姿勢を貫きました。それが正解だったと思います。

幼い頃から、絵本をはじめ、パズル、スポーツ、習い事など、親の役割として選択肢は示しましたが、あれをしろ、これをしろと指図はせず、常に息子自身に選ばせていました。ひょっとしたら積み重ねてきたその経験が、ここぞというときに生きたのかもしれません。

三月に入り、小学校の卒業式がありました。平日で夫は出席できませんでしたが、私は晴れ晴れとした気分で臨みました。

宝塚の山の上の小さな小学校なので、六年生は二クラスしかありません。一人ひとり、自分の将来の夢を語って卒業証書をもらいました。

そのとき、息子はこう言ったのです。

「僕は薬の研究をして、たくさんの人を助けたいです」

予想外の言葉に驚くとともに、誇らしい気持ちになりました。

「すごいね。さすがに灘に合格する子は違うね」

こう皆さんにほめられたとき、ふと一年前の光景が脳裏によみがえりました。

息子が五年生のとき、夫の母が名古屋の義姉の家で倒れ、救急車で病院に運ばれたのです。私たちは、息子を連れて毎週見舞いました。

一ヵ月後、容体が急変したと連絡を受け。宝塚から車を飛ばしたのですが、間に合いませんでした。

主治医が深々と頭を下げました。

「力及ばず申し訳ありません」

私たちが到着するまでは命を保とうと、懸命に心臓マッサージを施してくださったのです。

「いえ、いえ、そんな。本当にお世話になりました」

私は恐縮して頭を下げました。

こんな大人のやりとりを、息子は納得できなかったようです。

「僕は絶対に医者にはなれへん。なんで先生は謝るの。謝る必要なんかないやん。僕はそこまで責任取れないから、医者にはなれへん」

まだ小学生なのに、物事を俯瞰《ふかん》的に見ていることに驚いたものです。

医者にならずに人を助けるにはどうしたらいいかと息子なりに考え、薬の研究に行き着いたのではないでしょうか。

私は受験を通してたくましく成長した息子を、まぶしい思いで見つめました。

この卒業式のときに撮った動画は、今も大切に保存しています。

**息子より**

祖母が亡くなったときの医者の言葉は、僕には違和感がありました。どうしようもないこととわかっているのに、形式的に謝っているように見えたのです。

また、卒業式で薬の研究をしたいと言った理由は二つあります。

一つは化学が好きだから。塾の先生の影響もあって、面白いなと思っていました。

もう一つは、このときの僕なりに、何かかっこいいことを言いたかったのです。化学と関係のある仕事を調べてみると、創薬の研究が出てきました。これをみんなの前で、将来の夢として語ったらいいいんじゃないかと思った、というのが正直なところです。子どもっぽい単純な動機でした。祖母が亡くなったのはとても悲しかったですが、実際は将来の仕事のこととはあまり関係ありません。

のちに本当に創薬の研究に携わることになるのだから、面白いですね。

## 勉強ができて損することはないよ

こうして息子が灘に合格したので、私の受験のサポートもうれしいかたちで終了しました。

そこで仕事を再開し、近所のT歯科医院で、歯科助手として働き始めました。実は短大時代の二年間、歯科医院の受付のアルバイトをしていたので、歯科助手は私にとっては割合身近な仕事でした。

ありがたいことに、T歯科の院長先生は資格を取るように勧めてくれたのです。

「うちで働いてくれるのなら、せっかくだから、日本歯科医師会の歯科助手の資格を取ったら？　講習代は出してあげるよ」

当時、講習代は六万円ぐらいだったでしょうか。私は院長先生のお言葉に甘えて、第一助手と第二助手の資格を取得することにしました。四十歳を過ぎて勉強したり、講習を受けたりするのは、新鮮ではあるものの、少しハードでもありました。

このとき思ったものです。子どもの頃しっかり勉強していたら、今頃こんな苦労をしなくてもよかったのに――。

私はずっと母に言われ続けていました。

「あんたは、勉強は何をやらしてもできなかったな」

本当に勉強嫌いで、私の人生は失敗だらけでした。

息子にも、包み隠さず自分の失敗を話しています。

「おかあさんは子どもの頃ちゃんと勉強しなかったから、四十過ぎてせんとあかん。働こうとしても助手しかでけへん。今更、ドクターにも、歯科衛生士にもなれないからね。でもだからといって腐るんじゃなくて、できることを探してがんばろうと思ってるよ」

後でどんなに悔やんでも、もう時間は巻き戻せないのです。

息子にはこんな後悔をしてほしくないので、勉強しろとは言いませんが、小学生の頃から勉強の大切さは教えてきました。

「おかあさんは勉強しなかったから、働き口を見つけるのがたいへんやった。しっかり勉強すれば選択肢が広がって、やりたいことをやれるよ。勉強ができて損することはないよ。人は裏切るけど、やってきた勉強は絶対に裏切れへん。いつか、あのときがんばってよかった、と思うときが必ず来るからね」

小学生だからわからないじゃなくて、わかるかもしれないと思って言い続けてきました。

そして、息子に言うだけではなく、私も遅まきながら勉強し、無事歯科助手の資格を取得したのです。T歯科医院に二年勤め、その後も資格を生かして三か所の歯科医院で助手として働き続け、今に至ります。歯科業界、十七年目となりました。

四十過ぎての勉強も、一応役には立ったのです。

## 灘で得た人生の宝物

灘中学まで我が家からバスと電車で一時間ちょっとです。息子はサッカー部に入り、毎日楽しそうに通学していました。

灘は中高一貫の男子校で、全国でもトップクラスの東大合格率を誇るだけに、「灘の呪縛」というものがあります。「灘に入ったんだから、当然東大に行くんでしょ」と言われてしまうのです。

実際、部活の保護者会に出席して驚いたものです。息子を東大に入学させた先輩ママさんたちを招いて、ランチを食べながら東大合格の秘訣を伺うのです。下っ端の私は、ただただ拝聴するだけです。

「勉強の進め方はこうしたほうがいいよ……」

「塾はT会がおすすめ……」

さすがに灘、ありがたいこととは思うものの、私にはちょっと違和感がありました。私はそこまで東大にこだわる気持ちはなく、それよりも楽しい日々を送ってほしいと心から願っていたのです。

息子にも、常にその気持ちを伝えていました。

「東大だけが大学じゃないし、無理に東大に行かなくてもいいいんだから、学校生活を思いきり楽しんでね」

といっても、勉強をおろそかにしていいと言っているわけではありません。

灘にも当然落ちこぼれる子はいて、トップの子もいればビリの百八十番の子もいます。皆が皆、志望の大学に入れるわけではないのです。

ただ、灘のいいところは、いじめがなく、どんな子にも自分の居場所があることです。

灘の校是「精力善用・自他共栄」は、もてる力を最大限に発揮して世に役立てる、互いに信頼し助け合って自他ともに栄える、という意味です。生徒たちはまさにこれを実践していると、私は感じました。

どんなに優秀な子でも偉ぶらず、それぞれの長所を互いに認め合います。これは自分のほうが得意やけど、あいつはここがすごい――。決して他人を否定しないのです。

これこそ灘の最大の美徳で、東大の合格者数よりも誇っていいことだと私は思います。

息子も尊敬できるたくさんの友人に恵まれました。それは、何にも勝る財産です。

そして私自身も、息子のおかげで素敵なママさんたちと出会えました。地位や名誉があっても鼻にかけたりせず、謙虚で聡明な方が多く、おつきあいさせていただいているうちに私の視野も広がった気がします。

サッカー部は弱かったのですが、皆さんご夫婦で試合の応援に来られるのです。子どもにあふれんばかりの愛情を注いでいらっしゃるのが、よくわかりました。

泣いたり笑ったりしながら、ともに子どもたちを見守り、六年間を過ごすうちに、強い絆《きずな》ができました。本当に感謝の気持ちでいっぱいです。

親子ともども今もよいおつきあいが続いており、人生の宝物となっています。

**息子より**

入学当初は、とにかく灘に入れたのがうれしくてたまりませんでした。

灘では、個性的で賢いなと思うたくさんの友人に出会えました。勉強ができるだけではなく、S塾から一緒に入ったK君のように、人間的な魅力にあふれたカリスマ性のある人もいました。

話をしていてもみんな理路整然としていて、とてもわかりやすいのです。僕は理論的に話すのがあまり得意ではありませんでした。それが多少なりとも改善されたのは、灘の友人たちのおかげです。

やはり灘に行ってよかったと心から思います。ふだんの学校生活の中で、さまざまなよい刺激を受けて、自分なりに成長できました。

卒業してから特にそう感じます。

# 第四章　東大が後からついてきた

## 反抗期と更年期が重なって

灘に入学してから、息子はあまり勉学に身が入らないように見えました。目標を達成して、気が緩んでしまったのかもしれません。それでも、入学当初は真ん中より少し上ぐらいの成績でしたし、灘に入ったのだからそれなりの大学に進学してくれるだろうと楽観していました。

ところが、中三のときには、下位をうろうろするようになってしまったのです。私はちょっと危機感をもち、釘を刺しました。

「灘に入ったことに満足して、あぐらをかいてたらあかんよ。どこに入るかではなくて、何を得るかが大切やで」

息子は、気のない返事を繰り返すばかりです。

高校からは、内部進学生百八十人に、高校から入学する外部進学生四十人が加わり、一学年、二百二十人体制となります。外部進学生の中には、中学受験のときに落ちてリベンジを果たした子もおり、みんな意欲満々で灘に入ってくるのです。

灘は授業のスピードがとても速く、中学時代に高校二年までの数学を終えてしまいます。外部進学生は当然習っていないので、数学は別クラスとなり、一年間内部進学生が復習している間に、高二までの数学を学んで追いつきます。

こうして、高校二年生からは同じスタートラインに立ち、それぞれの目標に向かって邁《まい》進《しん》するわけです。

高校に入ると、息子の成績は真ん中より下ぐらいに落ち着きました。中三のときよりましですが、喜んでいいのかどうか微妙なラインです。

息子が二年生になったとき、近隣の女子校に通っているとてもかわいいお嬢さんとおつきあいを始めました。彼女も私も嵐の大ファンなので、彼女を誘って二人でライブに行きました。明るい感じのよいお嬢さんで、すっかり意気投合。息子が惹かれたのも無理ないと思ったものです。

私は女の子との交際そのものは、悪いとは思いません。青春時代に楽しくデートするのは普通のことで、ほほえましい気持ちで見守っていました。

でも、なかには勉強の邪魔になるからと、恋愛禁止を公言するママさんもいました。またこんなアドバイスをしてくれるママさんもいました。

「なんか女の子とつきあってるらしいやん。ダメよ。今そんなことさせてたら。ルックスがいいんやから、大学に入ってから十分もてるよ」

「でも、好きになっちゃったみたいやから、しょうがないやん」

好きになるのは自然な感情ですから、それを禁止しようとは思いません。ただ浮かれて勉強がおろそかになっているのが困るだけです。恋愛は恋愛、勉強は勉強とメリハリをつけてくれれば問題ないのですが。

この頃、息子は漫画を読んだり、ゲームをしたり、だらだらと過ごすことが多くなりました。その怠惰な生活態度が、私にはがまんならなかったのです。

夫が単身赴任で不在なのがいけないのかと思い悩みました。母親だけだとどうしても甘えてしまう、こういうときこそ父親に威厳をもってがつんと言ってもらわないと――。

「この頃、だらだらして遊び惚けてんねん。このままじゃやばいわ。パパから怒ってよ」

ところが夫は大甘で、息子に「ママ、うるさいな」と言うだけです。

まったく頼りにならないので、よけいに追い詰められた気持ちになり、ママ友にも相談しました。

「父親がそばにいないぶん、私が厳しくせんとあかんと思って。息子にうるさがられてるのはわかってるけど、ついつい言ってしまうのよ」

「うん、気持ちはわかるけど、あんまり言うと逆効果になるかもよ」

「そうやなあ」

頭ではわかっていても、灘の名前の上にあぐらをかいて、成績が悪いのにのんびりしている息子を見ると、つい小言を言ってしまいます。

「ちょっとは勉強したら？　灘にいるからだいじょうぶ、ってことはないよ」

私自身が更年期でいつになくイライラしており、おまけに息子もちょっと遅めの反抗期でした。私が何を言っても息子は「はい、はい」と適当な返事をするだけです。なのでよけいに腹が立ちました。

今思うと、なぜあんなにカリカリしていたのかわかりません。

でも、母親だって人間ですもの、ときにはそういうこともありますよね。

**息子より**

勉強は中学受験がピークでしたね。やはり灘に入って安心してしまったのかもしれません。それまでは言われたことがなかったのに、「勉強しろ、勉強しろ」とお尻を叩かれ、この頃は母はうるさいなと思っていました。

高二のときに、東大を受けようと決めました。積極的な理由ではなく、やりたいことがまだはっきり見えていなかったからです。医者になる気はなかったので、医学部は除外しました。じゃあ、何がやりたいのかというと、確かな答えが出てきませんでした。

東大には進学振り分けといって、入学してからどの学部に進むか決められる独自の制度があります。それで東大を志望しました。科類は理科二類です。

当時の成績は二百二十人中、百二十番ぐらいでしたね。このくらいだと東大に合格する人もいて、ねらえない位置ではありませんでした。

## やっぱり失敗した大学受験

いつしか季節は巡り、息子は高三の春を迎えました。

少しはやる気になったようですが、中学受験のときのあの必死さは感じられません。それでも息子は東大を受けると言います。「この成績じゃ無理やん」という言葉をかろうじて呑み込みました。

正直に言うと、灘に入ったのだから東大に行ってくれればうれしいよね、という気持ちは心の片隅にありました。でも、それを口に出したことはありません。

何か思うようにいかなかったとき、「あのとき、おかあさんがこうしろと言うから、僕はそうしたのに」と親のせいにされたらたまりません。それは一番避けたいことです。進路は本人に決めさせる、というのが私のポリシーでした。なので、私のほうから、灘に行けとか東大に行け、と言ったことはありません。

なんとなくピリッとしないまま夏が過ぎ、秋の体育祭がやってきました。息子の最後の体育祭です。ママさんたちは、例年応援合戦を繰り広げます。特にリレーとなると熱が入り、黄色い声が飛び交う事態になることもあります。

でも、この秋は私にとっての一大イベントが控えていました。嵐が東日本復興支援のため、宮城県でコンサートを開くのです。嵐のライブ！　を見逃すわけにはいきません。

「明日、私ちょっと飛行機で仙台に行くから」

「ええーっ、体育祭やのに」

「旦那より、息子より、私は嵐やから（笑）」

「あり得へん」

呆れ顔のママ友たちを後目に、私は妹とともに仙台に飛び、シャトルバスでコンサート会場に駆け付けました。会場は大勢のファンでごった返していました。ワクワクドキドキ、今か、今かと嵐の登場を待ちます。

「キャーッ！」

若い子たちに交じって、私も思いきり叫んでいました。歌にもトークにも心を揺さぶられ、夢のような三時間でした。

私はこれで吹っ切れたような気がしました。初心に戻って、うるさいことは言わずに息子を見守ろうと決めたのです。

体育祭が終わると、灘は受験モードに突入し、息子もようやく本腰を入れて勉強するようになりました。でも、それまで浮かれていたので、絶対落ちるなと私は覚悟していました。

二月下旬、受験日の前日、私は息子に付き添い、新幹線で東京に向かいました。夫の住むマンションは単身者用で狭いため、東大の近くにホテルを取ったのです。その夜、ホテルまで夫が激励に来てくれました。

「がんばれよ」

「うん」

息子は浮かない顔です。食事も喉を通らないようで、自信のなさが表情にも態度にもはっきり表れていました。翌朝、ホテルの部屋から送り出したとき、やっぱりあかんな、と改めて思いました。

入試は二日間にわたって行われますが、息子はできについては何も言いませんでした。私も聞きません。

夫にはＬＩＮＥで報告しました。

「ご飯食べへんし、足もがくがくするって言うし、ダメやと思うよ」

「自信がないから身体に出てるんだと思う。何も言わずにそっと送りだそう」

三月上旬、いよいよ東大の合格発表の日が来ました。

最近は、東大のウェブサイトで合格者の受験番号が発表されます。そのため、まずはパソコンを開いて、インターネットで合格か不合格かを確認するのがあたりまえになっています。

合格した子は新幹線に飛び乗り、東大の本郷キャンパスに足を運び、掲示板を見て改めて喜びを爆発させるのです。

一方、不合格の場合は……。

息子はパソコンを凝視すると、一言つぶやきました。

「ないわー」

「やっぱりね」

案の定、不合格でした。予想していたことなので、さほどショックはありません。

「塾に行って、先生に相談しておいで」

息子は素直に出かけていきました。

「浪人してがんばれということやな」

と、先生に言われたそうです。

中学受験のときと違ってもう十八歳ですし、男子です。一度ぐらいそういう失敗を経験したほうがいい。私はあえてそう考えることにしました。

息子はぼそりと言いました。

「勉強を始めるのが遅すぎた」

「それに気付いてよかったね。落ちたからって後悔するんじゃないよ。人生なんでも後悔したらあかん。自分で選んできた道やから、後悔じゃなくて反省しなさい。その反省をどう生かすかはあなたしだいや」

息子は神妙な顔でうなずきました。

夫に不合格を伝えると一言「そうだろうな」と返ってきました。家族そろって納得の不合格だったのです。

K君は、見事東大理科三類に現役合格を果たしました。

**息子より**

女の子と交際して浮かれていたから落ちたわけではありません。夏の模試の結果がけっこうよかったので、油断してしまったのです。

受験の数ヵ月前に、これは間に合わないと感じました。受験勉強をスタートするのが遅すぎたのです。計画性が足りませんでした。

不合格とわかったときは、母と同じで「やっぱりね」と思いました。と同時にあと一年あれば、絶対に受かるとも思いました。

## なぜか東京の予備校へ

子どもの不合格がわかると、すぐに灘のママさんたちは行動を起こします。私も誘われて息子とともに、大阪の駿台予備校に見学に行きました。

どの予備校も灘高生だけの説明会の日を設けています。その日のために他の校舎から駆け付けた講師がずらりと並び、不合格だった子とその親が数十組集まっていました。

なぜ親も一緒なのかというと、その日のうちに入塾手続きをすませてほしいという予備校の思惑があり、親のサインが必要になるからです。説明会の案内にも「親子で来てください」と、しっかり書かれています。

子どもたちは前、親は後ろの席に座り、講師陣や前年の京大医学部合格者の説明に耳を傾けます。その後、後ろに並んでいるブースに行き、親子で入塾同意書や契約書にサインするという段取りです。

皆が手続きのために、各ブースに散らばるなか、息子は一言言いました。

「おかあさん帰ろ」

「えっ？」

「帰るからね」

すたすた歩いていきます。私は慌てて、周りのママさんに断りを入れました。

「息子が帰ろうって言うから帰るわ」

「他の予備校を見たいと思っているんじゃない？」

そうかもと思いながら息子の後を追いました。

すると、地下鉄御堂筋線に乗ったとたん、また想定外のことを言い出したのです。

「おかあさん、僕、東京に行くわ」

「えっ、なんで？」

「見たやろ？　教室、全員灘やで。おんなじやん。また埋もれてしまう。東京の予備校に行きたい。行かせて」

「そしたら、今度はおかあさんが独りぼっちになってしまうやん」

「でも、よく考えてみて。おとうさん、東京にいるから、住むとこあるんやで。東京の予備校に入ろうと思ったら、寮代だけでも十万はかかる。それプラス予備校代と生活費や。

でも、僕は寮代も生活費もいらん。こんなに恵まれているのに、無駄にすることないやん」

息子はそのまま新幹線で東京に飛んでいく勢いでした。

「ちょっと待って。話はわかった。でもごめん、今日は家に帰ろ。東京に行く準備してないし、東京に行くつもりで家も出てないから。とにかく、今日は帰ろ」

急な展開に焦りながら、その日は説得して連れて帰りました。

帰宅すると、息子はすぐに二階の自分の部屋に行きました。私は階下で洗いものをしながら、東京に行くってパパに連絡せんとあかんな、などと考えを巡らせていました。

ほどなく息子は二階から下りてくるなり、きっぱり言いました。

「今、東京の駿台と河合塾に電話して、明日の見学の予約取ったから」

「わかった。明日六時半には起きんとあかんな」

翌日、二人で東京に行き、重い鞄を抱えて靴擦れの痛みに耐えながら、息子についてまわりました。いつのまにか私の背丈を越えた息子の後ろ姿を見つめながら、絶対に反対したらあかん、今この子を東京の予備校に出さないと、私は一生後悔すると思いました。

河合塾本郷校に決めて宝塚に戻り、東京の予備校に行くと報告すると、灘の先生にも塾の先生にも反対されました。K君をはじめ、仲の良かった友達はみんな現役で東大に入っているのです。

「東京に行ったら、東大組と遊んでしまうぞ」

「東京は大阪とは違う。誘惑はいっぱいあるぞ。ちゃんと勉強に集中できるか？」

先生方になんと言われても、息子の決意は揺るぎませんでした。そんな息子を見て、私は背中を押しました。

「絶対に来年は志望校に合格する、という強い気持ちがあるんだったら、行けばいいよ」

息子は東京の夫のマンションに転がり込み、河合塾本郷校に通うことになったのです。

自分の目の届かないところで浪人させるのは不安なのか、東京の予備校に子どもを行かせる家庭は少数派です。この年は、私の知り合いで東京に出たのは、息子を含めて二人だけだったと記憶しております。

**息子より**

目標を貫くには環境を変え、仲間から離れて自分一人でがんばれるところに身を置いたほうがよいと思ったのです。父が東京にいたので生活費や寮費がかからず、金銭的に大きな負担をかけずにすむことも、決断した理由の一つです。
母は寂しいと思ったでしょうが、特に反対はされませんでした。

## どこに行くかより何を得るか！

夫の住む借り上げ社宅は港区にあり、1DKのマンションでした。狭いですが、夫は月の半分は海外出張などで不在ですし、息子も日中は予備校に行くので、机があり布団を敷くスペースさえあればOKでした。

息子とはLINEで連絡を取り合い、月に一度、一週間程度様子を見に上京しました。その際は、私は近くのビジネスホテルに泊まるようにしていました。

息子に会うと、顔色は悪くないか、表情は明るいかなど、素早くチェックします。そして、部屋の掃除をし、スーパーに買い物に行って手料理を食べさせるのが常でした。

現役時代とは異なり、懸命に勉強している様子がうかがえ、ひとまず順調な滑り出しでした。

その年の夏、私は東大の本郷キャンパスを一人で訪ねました。学生さんは講義を受けているらしく、人影はまばらでした。美しい銀杏並木を抜けていくと、安田講堂のそばに青々とした枝葉を空高く広げている、大きな楠《くす》の木がありました。降り注ぐ夏の陽光を受けて、葉がきらきら輝き、神々しささえ感じます。

私はこのパワーツリーをスマートフォンで撮影し、こちらにご縁をいただけますように――との思いを込めて待ち受けにしました。息子が東大に合格するまで、そのパワーツリーは私のスマホの待ち受け画面に鎮座していました。

この夏は瞬く間に過ぎ、また秋が巡ってきました。

十一月のある日、息子から「今回の模試の成績」と、画像が送られてきました。見るとA判定でした。今年はだいじょうぶそうやなと、どれほど安堵したかわかりません。

ところが、まもなく夫から電話がかかってきたのです。

「成績表が来てるぞ」

「開けてみて」

「これは今年もやばい、ぜんぜんあかんぞ」

「えっ……」

私は絶句しました。

夫の送ってくれた画像には、D判定の文字が。A判定は真っ赤な嘘《うそ》だったのです。小学生でも、そんなすぐばれる嘘なんかつかないのに――。ショックで涙がこぼれました。

私は、たとえ失敗しても、それを正直に言える親子関係でありたいと願っていました。なので嘘をつかれたのが一番辛かったですね。

ごちゃごちゃ言われたら面倒だから、その場だけごまかそうと考えたのでしょう。息子はA判定の友達の成績表を借りて、名前が見えないように撮影して送ってきたのです。ひょっとしたら、勉強がはかどらないあまりに精神的におかしくなったのかもしれないと、心配もしました。

私はすぐさま行動を起こし、河合塾に電話を入れました。

「息子の成績が悪いので、チューターさんにお会いしてお話を伺いたいのです。息子が塾でどういう立ち位置なのか、今の状況を先生はどう思っていらっしゃるのか、お聞きしたい」

アポイントを取って、上京しました。

「チューターさんに会ってお話を聞くから、あんたも一緒に来なさい」

有無を言わさず息子も連れていきました。

けれどチューターさんは、落ちたときに塾のせいにされたら困ると思うのか、当たり障りのないことしか言いません。

「第一志望を変えて東工大などにする手もあります。すべて本人さんしだいです」

「いや、僕は東大理二を受けます。変える気はありません。がんばります」

息子のきっぱりした態度に、中学受験のときの悪夢がよみがえりました。あのときとまったく同じ展開です。この子は一度はこの道を通るんやと、がっくりしました。

他人はあいまいなことしか言いません。現実をはっきり指摘できるのは親だけです。

夫のマンションに帰り、私は本気で息子と対峙《たいじ》しました。

「嘘つかれて、おかあさん泣いたわ。なんであんなことしたの」

私は二度と嘘をついてほしくないので厳しく叱りつけ、息子の目の前で泣きました。

「いったいどう考えてるの？　今のこの成績だと東大の赤門は開かないよ。言っとくけど二浪はないよ」

「わかってる、僕もその気はない」

「だったら、京大とか阪大を受けたらいいやん。どっちもいい大学やん。宝塚に帰っておいで。どうしても東大に行きたいんやったら大学院から入れば？」

「いや、絶対に帰れへん。僕は東大を受験すると決めてる」

私は泣きながら、必死に説得しました。

「無理や。一浪してこの成績やのに、あんたは現実が見えてへん」

「そんなことない。悔しい……」

息子も泣きだし、修羅場になりました。夫は、私たちの話し合いというか、口喧嘩《くちげんか》をただ見ているだけで黙りこくっています。やっぱり頼りになりません。

私がどんなに言っても息子の意思は揺らがず、口喧嘩はどこまでも平行線をたどりました。

親にしてみると、また落ちたらどうしようと不安に苛まれる日々を送るのが辛いのです。もう少し容易に合格できそうな大学を目指してくれれば、安心して見守れるのに——。でも、これも、自分が楽になりたいだけの親のエゴなのでしょう。

昔から、息子はいったんこうと決めたら、曲げない子でした。灘中学を受験したときも、鉄の意志で突破したのです。そういう子に育ったのは、ある意味喜ぶべきことです。

今回も東大受験を貫くのは間違いありません。本人の好きなようにやらせよう、もう二度と口出しはすまいと決めました。

進路は自分で決めさせるという、日頃の私のポリシーに立ち戻ったのです。

**息子より**

中学受験のときのE判定とは違って、このときは僕は自信がありました。今回の模試の成績は悪かったけれど、いけると思っていました。もめると面倒なのでA判定だったと嘘をついたのです。

模試の結果は父のマンションに送られます。いつ来るかわかっていたので、父が帰宅する前に回収すればよいと思っていました。ところが、その日に限って父が早く帰宅して、開封され、母にもばれてしまったのです。

嘘をつかれたのが辛くて泣いたと母は言っていましたが、僕は、D判定にショックを受けて泣いたのではないかと思っていました。

東大は海外の大学とも幅広いネットワークをもっていて、日本で一番開けたグローバルな大学だと思っていました。そういう大学で学びたいという気持ちは強く、志望校を変える気はまったくありませんでした。

## 思わず叫んだ「東大合格！」

この言い争いのあと、息子のスイッチが入ったのがわかりました。目が本気モードになり明らかに雰囲気が変わったのです。灘中学を受験したときも「あっ、この子もしかしたら本当にやるかも」と思った瞬間がありましたが、同じ感覚に襲われました。

これでいけるんじゃないかと思う一方、弱気の虫が頭をもたげ不安でたまらなくなることもありました。

年が明けて一月半ばにセンター試験、二月半ばには併願の慶應義塾大学の入試と、緊張の日々が続きます。現役のときは、万一落ちても浪人すればよいと思うと少し気が楽でしたが、浪人となるともう後はありません。息子を信じる気持ちはあっても、また落ちたらという不安も大きく、この頃は本当にストレスがたまりました。

二月下旬、慶應義塾大学に合格し、ようやく一山越えた気がしました。東大合格者が慶應を併願したとき、慶應の合格率は九〇％と言われています。つまり慶應に合格しないと、東大の合格もおぼつかないのです。東大の合格発表の前に入学金を振り込まなければいけないのが辛いところですが、お金のことより、東大合格にぐっと近づいたことが、何よりうれしかったです。慶應の合格証書は、今でも我が家の家宝になっています。

数日後、本丸の東大入試に臨みました。前年泊まったホテルは縁起が悪いので、東大まで一駅で行ける東京ドームホテルのツインを取りました。

息子は食欲もあり、自信に満ちているように見えました。前年とはえらい違いです。今年はだいじょうぶと、明るい気持ちで送り出せました。

初日の試験を終えてホテルに帰ってくるなり、息子は満面の笑みを浮かべて言いました。

「数学、六問中、五問完答した。今年は合格間違いないわ」

「すごいやん。がんばったね」

と言いながらも不安がよぎります。油断は禁物。こんなときこそ落とし穴にずっぽりはまりがちです。私はK君にSOSを発しました。

「五完したって言ってるねん。やばいわ。明日の対策に来てくれへん」

「すぐ行きます」

K君はホテルに駆け付けてくれました。二人が真剣な表情で翌日の英語の試験の対策を講じているのを見て、もつべきものは友、としみじみ思ったものです。

「がんばれよ」

笑顔を残して、Ｋ君は帰っていきました。

そして三月十日、合格発表の時間が刻々と近づいていました。平日だったので、夫は気にかけながら出社し、私は夫のマンションで息子と一緒にそのときを待ちました。しだいに気持ちが高ぶり、じっとしていられなくなりました。

「あかん、おかあさん、外で待ってるわ」

私は外に出て玄関ドアの前で待機しました。心臓が早鐘のように打ち、緊張のあまり倒れそうです。

そのとき、家の中から息子の叫び声が聞こえてきました。

「あったー！」

私は部屋に飛び込みました。

「えっ、ほんと？　合格？」

「受かった、受かった！」

「やったー！　東大合格！」

思わず、大声で叫びました。息子も飛び上がって叫んでいます。私は夫にすぐに電話しました。

「受かったよ、合格や！」

「よっしゃー！」

息子もすぐさま河合塾の仲間に連絡し、友達四人の合格がわかりました。

「東大に行ってくる。安田講堂の前でみんなと待ち合わせしたから」

この季節になると、掲示板の前で大喜びする東大生の姿がテレビで流されますが、夢にまで見たその瞬間がやってきたのです。私も息子についていきました。

安田講堂の前で顔を合わせると、五人は抱き合って大喜びです。掲示板の自分の受験番号を指差して、写真を撮り合います。

ちょうどそのとき、テレビ局のクルーが取材に来ていました。

「これからどうするんですか？」

「河合塾に報告に行きます」

息子は晴れやかな笑顔で答えます。

「じゃあ、ついていきます」

こうして、テレビの密着取材を受けながら、彼らは河合塾へと向かいました。それを見送り、私は入学手続きの書類をもらって帰途につきました。ウキウキして、スキップしたい気分でした。

息子が河合塾に行くと、たまたま東大に現役合格したアメフト部の灘の同級生が、部活の勧誘も兼ねてお祝いに来ていたのです。

「受かったあ！」

「おめでとう！　よかったなあ！」

「抱き合っていますが、お二人はどういうご関係ですか？」

「高校の同級生です！」

この映像は、朝の情報番組「ＺＩＰ！」で流されました。

長かったような短かったような息子の浪人生活は、こうして最高の形で幕を閉じました。

この日の晴れがましくうれしい気持ちは、今も忘れられません。

## 息子より

灘中受験のときと同様、絶対に合格するという強い決意で受験勉強に集中したのが勝因だと思います。ぶれずに初志貫徹してよかったです。

東大の一日目の試験の終了後、Ｋ君が東京ドームホテルに激励に来てくれました。彼とは浪人中もつきあいが続いており、勉強のサポートもしてくれたのです。本当にありがたかったですね。

合格したときはめちゃくちゃうれしかったです。河合塾の仲間も合格したので、いっそう喜びが増しました。

## 夫の大腸がんが発覚

息子が大学三年生になったとき、港区のマンションから、東大本郷キャンパスまで自転車で五分ぐらいで行ける、文京区の２ＬＤＫのマンションに引っ越ししました。私は家も守らなければならず、働いてもいましたので宝塚に残り、相変わらず月に一度一週間ほど上京していました。

ところが、年明け頃から夫が腹痛に悩まされるようになったのです。

「一度病院で診てもらったら」

何度もこうすすめましたが、「仕事が忙しい」とか「海外出張がある」と言い訳してなかなか行こうとしません。

健康診断で「要再検査」の結果が出ても、こううそぶくのです。

「E判定が出てる人なんて他にもいっぱいいる。それでもどうってことないんだから、だいじょうぶ」

一般に男性は怖がりなところがあるので、深刻な病気が見つかったら嫌だ、という心理が働いたのかもしれません。ようやく重い腰をあげて受診したのは、腹痛が始まって半年が経った頃でした。

検査の結果、大腸がんが見つかり、手術を受けることになりました。間が悪いことに、ちょうど夏休みで、息子は友達と四人でイタリア旅行に出かける予定になっていたのです。夫の手術は息子の帰国の翌日です。

「俺が手術を受けるのに、海外旅行か」

夫は文句を言っていましたが、ずるずる受診を引き延ばしたのがいけないのです。私は迷わず言いました。

「絶対にイタリアに行きなさい。こんなことで自分の青春を犠牲にすることはないから」

旅行をキャンセルしても、息子にできることは何もありません。ただ、一緒に行くつもりだった友人たちをがっかりさせ、楽しい青春の一コマを描けなくなるだけです。私は、息子をイタリアへ送り出しました。

一週間後に息子は元気に帰国し、翌日夫の手術が行われました。主治医は切り取った大腸を見せながら、私と息子に説明しました。

「リンパに転移があるので、ステージ3Bの大腸がんです」

私は暗澹《あんたん》とした気分になりました。もっと早く受診すれば、ここまで悪化する前に見つけられたのではと思うと悔しく、ぐずぐずしていた夫に怒りも湧いてきました。でも、今さら何を言っても虚しいだけです。このまま転移も再発もなく穏やかに暮らせれば、と祈るしかありません。

私は拠点を宝塚から文京区に移し、夫を見守ることにしました。

術後一年半が経過した頃、夫が訴えたのです。

「おなかが変に痛い」

背筋に冷たいものが走りました。

内視鏡やペット検査の結果、がんが骨盤に転移し、腹膜《ふくまく》播種《はしゅ》を起こしていることがわかりました。ステージ4です。

「抗がん剤治療をしなければ余命半年です。治療をすれば、五年生存率は上がります。どうされますか？」

「治療してください」

夫が選択して答えました。こうして抗がん剤治療を受けながら、リモートで仕事を続けることになったのです。免疫力が落ちているので、風邪をひかせたり、コロナをもち帰ったりしないように、細心の注意を払いました。

ところが、夫は今度は帯状疱疹《たいじょうほうしん》にかかってしまったのです。朝はピリピリすると言い、ちょっと腫れている程度でした。素直に病院に行ったまではよかったのですが「入院したほうがよい」という医師の言葉を振り切って、帰ってきてしまったのです。

またしてもタイミング悪く、息子はその日、夜行バスでスノボをしに行く予定でした。けれど、夫と私を気遣い、キャンセルしたのです。夫のがんによって、息子にはさまざまな精神的な負担をかけ、申し訳ない気持ちでいっぱいです。

つい最近も私がコロナに感染してしまったので、夫にうつさないように直ちにビジネスホテルにこもりました。軽症ですみ安堵したとき、夫の感染がわかったのです。あわてて病院でX線やCTを撮ってもらったところ、幸いにも異常はなく、夫も軽症で、ほっと胸をなでおろしました。

このように毎日薄氷を踏む思いですが、がん発覚から四年経った今も、夫は命をつないでいます。皮下にCVポートと呼ばれるカテーテルを埋め込み、抗がん剤を注入しながら在宅で仕事を続けているのです。

先日、帰宅すると鮮やかなピンク色の胡蝶蘭《こちょうらん》がテーブルに置いてありました。夫は毎年、私の誕生日と結婚記念日に花を贈ってくれます。気恥ずかしいので「もういらん」と言っているのですが、せっかくの心遣いですから、素直にありがたく受け取ろうと思う今日この頃です。

**息子より**

父は「おなかが痛い」と言いながら、いくらすすめても病院に行こうとしないので、もどかしい思いでした。イタリアから深夜一時ぐらいに帰宅し、翌朝六時頃に家を出て病院に向かったのを覚えています。

無事に手術が終わって安堵しましたが、残念ながら再発・転移までそう時間はありませんでした。

スノボをキャンセルしたのは、母が疲れてしんどそうに見えたからです。今回は自分がそばにいて支えなければと思いました。

両親が穏やかに暮らせるように、僕もできるかぎりのサポートをするつもりです。

## これからもずっと息子の応援団

私は常に息子に言い聞かせていました。

「どこに行くかじゃないよ。そこで何を得るかが大切やで。好きなことをやってこそ人生やから、自分のやりたいことをできるところに行ってね」

東大に入るのが目的ではなく、そこで何をやるか、何を得るかが問題です。幸いにも息子は、自分のやりたいことを見つけたようです。

東大に入学後、工学部に進み、かねてより関心のあった化学システム工学科を専攻しました。この科の研究テーマはさまざまですが、息子は最先端の培養技術や人工細胞について学んだようです。

例えば腎不全になると、人工透析か腎臓移植しか助かる道はありません。そんなとき、自分自身の細胞で人工腎臓を作れれば、他人からの移植を待たなくてすみます。詳しいことは私にはよくわかりませんが、病に苦しむたくさんの人々を助けられる、実践的で有意義な研究だと思います。

そのうち息子は、自分が生きている間に結果が出る研究がしたいと思い始めたようです。そして、小学校の卒業式以来の夢である、新薬の開発に携わることにしたのです。父親が、がんを発症したことも大きな影響を与えたのでしょう。

就職活動をしているとき、私は息子にこんなアドバイスをしました。

「面接のときに、父親が、がんになったことを話したら？　あなたの熱意が本物やってわかってもらえるんちゃう？」

「いや、僕はそんなことを言って入社しようとは思ってない。これまで自分が研究してきたことを評価して、採用してもらいたい」

気概がないからと医大生に振られたことがあったけど、気概あるやん――。あのとき振られたおかげで気概が育ったのかもしれない、と妙に感心しました。

息子は希望どおり、革新的な医薬品開発で知られる、某製薬会社に就職しました。父親のがんの話は一切していないにもかかわらず、今は抗がん剤の開発に携わっているのです。

不思議な縁だと思いました。

　先日、息子は同僚研究者とともにがん患者さんたちに会って、どんな薬を求めているのか、どんな症状に苦しんでいるのか、いろいろお話を聞かせていただいたそうです。

　薬の研究の原点は、まさにそこにあるのではないかと私は思います。原点を忘れない会社に入れてよかったと、しみじみ思いました。もし画期的な抗がん剤を開発できれば、夫には間に合わないかもしれませんが、がんに苦しむ世界中の患者さんを救えます。

　患者さんに寄り添い、こういう薬がほしいという声をかたちにできる研究者になってほしいと念じています。

　今思うと、同じ方向を向いて親子でともに歩んだ日々は、かけがえのない大切な時間でした。息子が未知の世界の扉を開けてくれたおかげで、すばらしい景色を見ることもできました。

　もし、息子が結婚したら、スープの冷めない距離ではなく、スープの腐る距離に住みたいですね。こうして、ほどよい距離を保ちながら、最強の応援団長として声援を送り続けたいと思っています。

　息子には、これからも好きなことをして元気に生きていってほしい――。それだけが今の私の願いです。

**息子より**

母が「どこに行くかより、何を得るかが大切」といつも言っていたことを覚えています。僕自身もそう思っていました。

化学システム工学科を目指すきっかけになったのは、ゼオライトです。これは極微小の空洞をもっており、ガスや水分を強力に吸着する性質があります。クッキーや海苔《のり》などの缶に入っている乾燥剤・シリカゲルも、ゼオライトの仲間です。あんなに小さな粒々ですが、大量の水分を吸収できるのです。

例えば放射能物質を吸着できるようになれば、汚染された地域にばらまくと、クリーンな空気や土壌を取り戻すことができます。熱を吸収できればクーラーにもなり、地球温暖化問題の解決に役立つかもしれません。とても面白い物質だと興味をひかれたのです。

でも、これを実用化するには高いハードルがいくつもあり、長い時間がかかりそうでした。そのうち、今現在、病に苦しんでいる人を助けたいという思いがふくらみ、創薬の研究へとシフトしていったのです。父ががんになったことも、一つの契機になったと思います。

先日、小学校の同窓会がありました。

「本当に卒業式のときに言ったとおりになったやん」

友達にこう言われて、改めてあのときの自分の言葉を思い出し、心に誓いました。

新薬を開発して一人でも多くの人の力になろう――。

**著者プロフィール**

**馨子**（けいこ）

1967年、大阪府吹田市で生まれる。
関西にある女子短大国文科を卒業。
卒業後、大手メーカーに勤務。
社内結婚のため、退職。
夫の仕事で4年間シンガポールで生活。

**中学受験はなんのため？**　子どもの幸せのために親にできること

---

2024年6月15日　初版第1刷発行

著　者　馨子
発行者　瓜谷 綱延
発行所　株式会社文芸社
〒160-0022 東京都新宿区新宿1－10－1
電話 03-5369-3060（代表）
03-5369-2299（販売）

印刷所　株式会社フクイン

---


ISBN978-4-286-25110-3